TRADUCCIÓN LITERARIA Y DERECHOS INTERNACIONALES

CÓMO TRADUCIR, PROMOCIONAR Y VENDER SUS LIBROS EN IDIOMAS EXTRANJEROS

ESCRIBIR Y PUBLICAR GUÍAS

S. C. SCOTT

Traducido por
JEANNETTE ANTEZANA

Derechos de Autor

Traducción Literaria y Derechos : Cómo Traducir, Promocionar y Vender sus Libros en Idiomas Extranjeros

Derechos de Autor © 2018 por S. C. Scott

Todos los derechos reservados. Ninguna parte de esta publicación puede reproducirse, almacenarse en un sistema de recuperación o transmitirse en cualquier forma o por cualquier medio: electrónico, mecánico, grabación o de otro modo, sin el consentimiento previo del titular de los derechos de autor y del editor. El escaneo, carga y distribución de este libro a través de Internet o por cualquier otro medio sin el permiso del editor es ilegal y punible por ley.

Adquiera solo ediciones electrónicas autorizadas y no participe ni fomente la piratería electrónica de materiales protegidos por derechos de autor. Se agradece por su apoyo a los derechos de autor.

language, publishing, Redacción de guías de investigación y publicación, traducir, gramática, no ficción, autoría, investigación, periodismo, traducción, publicaciones y libros, revisión, guías de escritura de autor, aptitudes para escribir, estudiar y enseñar, cómo traducir, derechos del idioma extranjero, traduzca su novela, traducción literaria, traductores literarios, idioma, publicación

Publicado por Creative Minds Media

Libro Electrónico ISBN: 978-1-989268-02-5

Libro de Bolsillo ISBN: 978-1-77866-014-6

TRADUCCIÓN LITERARIA Y DERECHOS INTERNACIONALES

Preparados, Listos, Traduzcan!
La Editorial Independiente Gold Rush no ha terminado... En realidad, acaba de comenzar en los mercados de idiomas distintos del inglés. Encuentre nuevos lectores, nuevos mercados y gane más dinero al traducir sus libros en otros idiomas. ¡Es más fácil de lo que piensa!
Aprenda como:
- Identificar mercados mundiales actuales para su género
- Obtener los mejores traductores
- Traducir sus libros con cero inversiones iniciales
- Proteger y aprovechar sus derechos
- Generar múltiples flujos de ingresos con sus libros
- Ganar nuevos lectores, llegar a nuevos mercados, y hacer más dinero!

Una vez que lea este libro, usted deseará haber empezado antes...pero nunca es demasiado tarde! De hecho, nunca hubo mejor momento para descubrir nuevos mercados, ganar nuevos lectores, y hacer más dinero!

1

EL ENTORNO DE LA TRADUCCIÓN LITERARIA

PRÓLOGO

Bienvenido al mundo maravilloso de la traducción literaria. Hoy es más fácil que nunca antes el compartir sus libros con lectores en todo el mundo. Escribí este libro para autores como usted, que desea entrar a mercados nuevos e incrementar las ventas y la lectura. Cuando exploré alternativas de traducciones y derechos de autor hacen varios años, no pude encontrar mucha información por ningún lado. Encontré mis respuestas por prueba y error, y la poca información que recogí estaba por lo general, desactualizada. Ciertamente no estaba dirigida a autores independientes en el siglo XXI.

Mantuve este libro tan corto como fue posible, para que usted pueda usarlo como una guía para cada tema, a medida que progresa a través de su propia aventura de traducción. He asumido que usted ya ha publicado sus propios libros independientemente y está, por lo tanto, bien versado en el tema. Si este no es el caso, hay muchos libros excelentes que cubren publicaciones y temas relacionados, así que no he reproducido esa información aquí.

Recomiendo encarecidamente leer este libro en su totalidad

antes de comenzar su proyecto de traducción. Tener el panorama general antes de comenzar, le ahorrará tiempo y esfuerzo más adelante. Este libro comienza con un nivel de descripción general de alto nivel antes de entrar en detalles, porque creo que es la mejor manera de entender los conceptos detrás de las traducciones exitosas. Asimismo, espero que le infunda confianza. Más que nada, quiero ahorrarle algunos de mis primeros errores. Una vez que veamos las reglas básicas, haremos una profunda inmersión en los detalles.

No hay necesidad de tomar notas. Cualquier pregunta que tenga al principio, será contestada en los capítulos siguientes que proveen todo el detalle que necesita para comenzar. También hay listas de verificación al final del libro resumiendo todos los puntos clave.

Si decide leer el libro en un orden diferente, también está bien. Cada uno aprende y absorbe la información de manera diferente.

Gracias por leer este libro. Espero que le sea útil.

Flujos Múltiples de Ingreso

Como autores, tendemos a pensar de nuestros libros como una extensión de nosotros mismos. Lo son en el sentido en que hemos creado propiedad intelectual. Aunque también son productos que pueden tomar muchas formas físicas. Una vez que adopte esta forma de pensar, podría preguntarse por qué nunca antes consideró la traducción.

Piense de cada libro como un activo individual del cual pueden ser creados derechos derivados adicionales. La mayoría de los autores sueña con lograr que sus libros sean convertidos en películas o series de TV, y muchos ya publican en libros tamaño bolsillo y libros de audio. El área que comúnmente se pasa por alto es la traducción. Traduzca en nueve idiomas adicionales y su libro de repente se convierte en diez libros. Es como flujos múltiples de ingresos en esteroides!

Pero espere. Esto se pone mejor!

Cada libro traducido puede convertirse también en otros productos. Asimismo, puede crear 9 nuevos libros en audio en cada lenguaje. Súbitamente su novela ya no es solo un libro en línea, de bolsillo o un libro en audio en inglés. Cuando lo traduce en 9 idiomas adicionales, usted tiene formatos de (9+1) x 3 = 30 productos en lugar de 3. Bastante asombroso, verdad?

Tal vez ya había llegado a esta conclusión pero pensó que las posibilidades de éxito eran escasas para todos, excepto para los autores más exitosos mejor vendidos. Si bien su libro debería tener por lo menos algún éxito comercial como base para asumir ventas decentes en otros mercados, hay muchos libros con gran potencial para traducciones extranjeras que no fueron el número uno mejor vendido en su idioma original. Su libro podría ser uno de ellos!

Todo lo que tiene que hacer es encontrar traductores, firmar contratos con ellos, y esperar por su libro traducido. Es casi tan fácil....pero no del todo. Usted debe realizar un poco de trabajo de campo para asegurarse de que termine con un producto de calidad. Su nombre de autor es su marca y su éxito o fracaso depende de una excelente traducción.

Una excelente traducción significa encontrar un traductor talentoso, empero, escoger un mal traductor puede arruinar su reputación. Al principio, buscando y eliminando traductores puede consumir mucho tiempo pero vale la pena el esfuerzo. Un buen traductor puede abrir nuevos mercados para usted y traer sus libros a un entero nuevo mundo de lectores para leer y disfrutar. Algunos incluso podrían convertirse en sus mayores fans.

Si usted está leyendo este libro, asumo que usted es:
- Un autor independiente que busca expandirse en otros mercados
- Un autor tradicional que ha conservado sus derechos extranjeros y desea aprender como monetizarlos.
- Un autor nuevo o uno ya establecido que busca entender

todas sus opciones y nuevos mercados potenciales y formas de llegar a ellos.

Tal vez su libro sea el de mayor venta en su idioma materno, o aún esté aumentando su número de lectores. Independientemente de su estado actual, siempre es una buena idea explorar cómo puede hacerse cargo de su carrera. Eso incluye expandirse mediante la traducción en otros idiomas.

El problema es que usted no sabe por dónde empezar. O siquiera si debería comenzar. A veces la traducción puede ser financieramente valiosa; otras veces, no. Así que es importante entender su propio y particular potencial de ingresos, así como la posible inversión de tiempo, dinero y esfuerzo que necesitará poner allí. Conociendo sus opciones, sus opciones de éxito se incrementarán drásticamente.

El objetivo de este libro es brindarle una visión general del mercado y los conocimientos y herramientas necesarios para evaluar sus posibilidades de éxito en un mercado extranjero. Incluso si sus derechos extranjeros ya han sido contratados por un editor, es importante saber cuáles son sus opciones. Hay muchas elecciones para sus libros existentes y para los futuros en el mundo editorial de hoy, que cambia rápidamente.

Saber qué opciones están disponibles para usted puede ayudarlo a encaminar sus decisiones en el futuro. Si usted ya ha asignado sus derechos de idioma extranjero, posiblemente nunca ha pensado mucho en ello. En el pasado, estos mercados eran considerados "fondo de dinero" ya que estos mercados eran inaccesibles para usted en su condición de autor individual. O tal vez usted es un autor independiente debatiendo en si vender sus derechos extranjeros o mantenerlos usted mismo.

Cualquiera que sea el caso, las barreras de idioma, culturales y físicas significaban que usted no podía entrar en mercados extranjeros por sí mismo. Usted necesitaba un agente y un editor extranjero interesado en publicar su libro en un idioma extranjero, y aún entonces, rara vez viable desde el punto de vista financiero. Todo eso ha cambiado.

La tecnología ha hecho que la publicación global independiente sea físicamente posible y económicamente viable. Hay muchas maneras de traducir su libro en varios idiomas y el método que elija puede marcar la diferencia en cuanto a si su libro genera ganancias o no. Es de vital importancia comprender las opciones disponibles para sus libros ya publicados, así como para los libros a publicarse en el futuro.

Es posible que incluso desee que estos derechos sean revertidos a usted. En cualquier caso, el material de este libro le dará una mayor percepción de cómo puede monetizar sus derechos extranjeros si sigue adelante. Conocer todas las opciones le ayuda a tomar una decisión informada. No hay una respuesta correcta, solo el arreglo que mejor funcione para usted. .

Los Tiempos Están Cambiando

No hace mucho tiempo, la única manera de lograr traducir sus libros en idiomas extranjeros era a través de un agente o una compañía editorial., asignando sus derechos extranjeros de traducción a su editorial, quien luego vendía los derechos a un agente o compañía editorial en otro país. Había tantas personas implicadas, cada una tomando una porción, por lo que rara vez resultó en nada más que un ínfimo retorno financiero mínimo para el autor. .

A veces los autores suponen que no hay dinero en las traducciones, pero a menudo es simplemente que el dinero se está dividiendo de muchas maneras, con sólo un pequeño porcentaje dejado para el autor al final de la cadena alimentaria. Los autores con acuerdos de derechos extranjeros, a menudo ven las ganancias netas sin ningún detalle contable. Incluso podrían no estar al tanto los ingresos brutos de sus libros.

El proceso se complica aún más por las barreras del idioma, la burocracia y sus trámites. Muchos autores con traducciones extranjeras de su trabajo, a menudo, nunca recibieron nada más que un adelanto inicial. Agregue informes de ventas escasas o inexistentes. No es de extrañar que muchos autores consideren que las traducciones extranjeras no justifican el tiempo ni el esfuerzo.

La tecnología ha cambiado todo éso. El Internet ha conectado traductores y autores como nunca antes. También contamos con informes automatizados, plataformas de ventas en línea y sistemas de distribución eficientes. Ya no necesitamos intermediarios en el medio para arreglar el trato y tomar su parte. Puede tratar directamente con un traductor y publicar su libro exactamente de la misma manera que lo hace con sus versiones en inglés, porque los avances tecnológicos han desplazado la mayoría de las barreras.

El punto es que las cosas están cambiando rápidamente y se abren más oportunidades para los autores todos los días. Es más importante que nunca asegurarse de que sus decisiones sean informadas, sin considerar que camino elija. Yo, por mi parte, quiero estar en la cima de la cadena alimentaria como el creador del trabajo. Qué hay de usted?

Espero que este libro le ayude a evitar algunos de mis errores de principiante y lo más importante, a capitalizar el valor enorme de su propiedad intelectual. Usted tiene el potencial de ganar mucho más dinero con sus libros al traducirlos a otros idiomas.

Por qué Traduzco

Escribo novelas de misterio y de suspenso bajo un seudónimo. Publico de forma independiente en muchas plataformas de ventas, incluyendo las principales como Amazon, Apple iBooks, Barnes & Noble, Google Play, y Kobo, así como con algunas tiendas al por menor.

Comencé a traducir mis libros hacen varios años. En ese momento había poca o ninguna información disponible en línea. Así que aprendí por ensayo y por error. Hay grandes oportunidades para los autores con visión de futuro y con una mente abierta, pero implica un poco de trabajo. Al compartir mis experiencias con usted, espero hacerlo tan fácil y llano como posible. Tal vez, incluso establecer una vía rápida al éxito.

Creo en tener múltiples flujos de ingresos, o mantener mis huevos en muchos cestos, por así decirlo. Mientras soy escritor a tiempo completo, escribir no es mi única fuente de ingreso. Además de mis ingresos de escritura, también administro un pequeño negocio de medio tiempo y gano ingresos residuales de mis inversiones.

Como inversionista, sé diversificar mis inversiones para extender el riesgo de una sola inversión que vaya terriblemente mal y perder todo. Empero, la diversificación no solo es segura, también puede exponerle a más oportunidades. He seguido la misma estrategia con mis libros: realizar inversiones estratégicas, estar abierto a nuevas oportunidades y reducir el riesgo doquiera que pueda.

Creo en la diversificación, no solo al diseminar el riesgo, sino también para maximizar las oportunidades.

Además de escribir en varias series y géneros, hay otras formas de diversificar, tales como libros de audio, libros de bolsillo y libros encuadernados. El publicar en muchas plataformas de ventas, en lugar de ser exclusivo de una plataforma, es otra manera de diversificarse. Por supuesto, hay opiniones a la inversa. Y algunos autores encuentran que maximizan sus ingresos concentrándose exclusivamente en una plataforma.

Incluso puede hacer ambas cosas. Tal vez usted decida que ser exclusivo de Kindle Select para sus libros en idioma inglés pero vendiendo ampliamente sus traducciones extranjeras. Hay muchas maneras de expandir su negocio de escritura y la traducción es una de las mejores formas de expandirse en mercados nuevos y monetizar aún más sus activos literarios.

Cada nueva obra literaria que tiene, expande su audiencia potencialmente. Aumentar su línea de productos también aumenta sus ingresos, al menos en teoría. Por supuesto, su trabajo tiene que ser comercializable. Sin embargo la comerciabilidad en un idioma no garantiza que será popular en otros idiomas, países o regiones. Tanto los gustos de ficción como los de no ficción, varían ampliamente según el país, la región y el idioma, algo que debe considerar antes de decidirse a dar el paso. Empero, el mercado está ahí si tiene un buen libro en el género y lenguaje correctos.

El romance es un género que parece ser popular en todas partes, pero esa amplia categoría tiene muchos subgéneros y nichos más pequeños que varían enormemente en popularidad entre diferentes culturas, idiomas y lectores. Si usted escribe ciencia ficción o fantasía, o misterios y novelas de suspenso, hay también bastantes mercados para usted.

Mantener el Control

La tecnología permite a los autores tomar el control de su propiedad intelectual y llegar a más personas hoy en día, que en cualquier momento de la historia. En la actualidad, muchos autores publican directamente en plataformas minoristas como Amazon, Apple y otras, pasando por alto la ruta de publicación tradicional. Hace unos pocos años, los editores tradicionales eran los guardianes, decidiendo quién se publicaba y cuándo.

Algunos de los pocos elegidos también tendrían sus libros traducidos a otros idiomas en acuerdos "sobre derechos", donde el editor asignaría estos derechos a cambio de un recorte. Aunque al final, la mayoría de esos autores vieron muy poco de ese dinero.

Todo eso ha cambiado. Cada gran oportunidad también trae nuevos problemas e inconvenientes que considerar. A algunas personas les gusta el control directo, mientras que otros preferirían tener a alguien más que navegue por ellos. La buena noticia es que puede seguir el camino que más le convenga.

He traducido mis libros en muchos idiomas en los últimos años, con planes para traducir muchos más. Soy afortunado de que mi idioma materno sea el inglés, el primer idioma donde los libros electrónicos han gozado de una amplia adopción. Estoy convencido que el actual entorno de publicación independiente, es solo el comienzo. Hay muchos más mercados y lectores que buscan libros escritos por autores como yo. Es fantástico poder decidir qué libros deseo vender y en qué mercados. Me gusta la capacidad de tomar mis propias decisiones y adaptarme rápidamente si las condiciones del mercado cambian.

Más Productos para Vender

Ya ha escrito su libro y tiene un producto para vender. ¿Por qué no traducir su libro a tantos idiomas como pueda? Cada idioma representa una nueva corriente de ingresos. Todo lo que necesita es alguien que lo traduzca a otro idioma. Sencillo, verdad?

Podría pensar que sí, **pero...**

La traducción, como la escritura, es un arte. Si ha usado alguna vez una herramienta automática de traducción, como el Traductor de Google y tiene una comprensión de ambos idiomas, el de origen y el de destino, sabrá que cada idioma tiene matices que se pierden fácilmente, y a menudo, en la traducción.

La estructura de la oración, la conjugación del verbo y los

significados pueden diferir según los idiomas. Aún dentro del mismo idioma, los significados y dialectos pueden variar. Por ejemplo, el inglés americano y el británico, o el español de España versus América del Sur. Las diferencias de menor importancia se entienden generalmente a través de regiones, empero, diferencias importantes podrían no ser toleradas o inclusive entendidas. Aún si se entendieran, usted no quiere sacar a un lector bruscamente de una historia con términos o una estructura de oración desconocidos. Desea que su libro fluya en la misma forma que lo hace en el idioma que lo ha escrito.

Su traductor está efectivamente reescribiendo su libro de principio a fin, por lo que es importante asegurarse que encuentre alguien que traduzca, no solo el significado de las palabras, sino también el tono y el estado de ánimo de la trama. Una novela de misterio o de suspenso debe mantener el mismo suspenso y la tensión de lectura para comerse las uñas.

Una buena traducción vende muchos más libros que una mediocre. Una mala traducción empañará su reputación y quitará las ganas de sus lectores de comprar sus libros en el futuro. Afortunadamente, hay formas de asegurarse de obtener lo primero, que exploraremos en los capítulos posteriores. Unos pocos afortunados encontrarán un traductor tan talentoso que la versión traducida podría resultar aún mejor que el texto original!

Le daré toda la información que necesite para encontrar traductores de primer nivel y llevar sus libros a escala mundial! ¡Empecemos!

2
¿POR QUÉ TRADUCIR? Y POR QUÉ DEBERÍA

Hay muchas razones para traducir sus libros a otros idiomas como la de encontrar nuevos lectores. Las personas que no hablan ni leen en su idioma nunca descubrirán su trabajo a menos que esté escrito en un idioma que puedan entender. La traducción le permite superar las barreras del idioma y conectarse con lectores que de otra manera nunca alcanzaría.

La creencia más común es que los libros ya deben ser los mejor vendidos para hacer que la traducción valga la pena, e incluso entonces es un poco arriesgado. Creo que es una exageración, pero sus libros deberían ser al menos populares dentro de su género antes de considerar avanzar a mercados nuevos (y a menudo más pequeños). Sin embargo, un mercado más pequeño en sí mismo no significa que las ventas sean más bajas para su libro. A menudo hay menos competencia y puede cobrar precios más altos, algo que la mayoría de las personas pasa por alto cuando estiman el valor de sus derechos extranjeros. Empero, aún necesita analizar sus libros de manera crítica al considerar los mercados en los que desea ingresar. Este es un primer paso importante a seguir antes de seguir adelante.

Los libros que no tienen grandes ventas en su idioma original pueden convertirse en éxitos taquilleros en otro idioma. Esta es la excepción más que la norma, pero ocurre más a menudo de lo que piensa. Ciertamente no recomiendo traducir un libro que se vende mal. A menudo se venderá mal en otros idiomas por las mismas razones que en el idioma original. Empero, si tiene un libro bien escrito, con buenas críticas de los clientes y ventas decentes, existe la posibilidad de que ese libro se venda bien en otro mercado. Hay muchos ejemplos de libros que han hecho exactamente ésto.

Hay otras consideraciones además de las ventas actuales. Los mercados reaccionan muy dramáticamente por idioma, país y género. Por ejemplo, el género negro de misterio es muy popular en inglés, pero no se vende bien en español. El romance es el género más popular en casi todos los idiomas y países pero el éxito en los muchos subgéneros de romance varía ampliamente por razones de gusto y costumbres culturales.

Las novelas de suspenso y las policíacas parecen ser las más populares en el hemisferio norte. Quizás sean esos largos inviernos. Finalmente, al igual que la moda, las tendencias van y vienen. La mejor manera de ver si la traducción vale la pena es estudiar el mercado y las tiendas en su idioma de destino. Si hay libros similares al suyo, entonces es probable que valga la pena echarle un vistazo.

Al escribir estas líneas, Amazon es la tienda dominante en la mayoría de los países de habla inglesa, aunque Kobo es el número uno en Canadá y popular en Australia y Nueva Zelanda. En Norteamérica y el Reino Unido, tendemos a ver el mundo a través de gafas de color Amazonico, pero Amazon no es la número uno en muchos países. En la mayoría de los países, Amazon ni siquiera tiene una tienda. En Francia, por ejemplo, Fnac.com es la librería en línea más popular, aunque

Amazon está muy cerca. Italia tiene muchas librerías incluyendo Mondadori, pero Amazon es muy popular.

Los libros traducidos pueden tener precios que son mucho más altos en algunos idiomas en comparación con otros. Es principalmente una cuestión de oferta y demanda. El mercado de libros electrónicos más maduro con la mayor oferta y selección es en inglés, también tiene los precios más bajos y la mayor competencia. Muchos autores se centran solo en los mercados más grandes, como el inglés y el alemán pero en algunos casos podrían encontrar ganancias más fáciles en otros mercados desatendidos, donde sus libros se destacarán frente a la multitud. Un libro popular en el género correcto puede exigir un precio superior, a menudo 9.99 o más para una novela bien escrita. Prefiero tener el 70% de $ 9.99 que el 30% de 99 centavos. Tengo que vender más de 23 libros a 99 centavos contra uno a $ 9.99 para ganar la misma cantidad de dinero.

Otra ventaja añadida para las traducciones extranjeras es la visibilidad añadida si su idioma de destino es un mercado menos competitivo. Es más fácil llegar a una lista de los más vendidos en un mercado menos concurrido. ¿Podria su libro ser un contendiente?

Compruebe los libros más vendidos en el idioma que está considerando para ver si los libros similares a los suyos son populares. El estatus de libro mejor vendido también puede variar dramáticamente de una tienda a otra dentro de cada país, así que asegúrese de averiguar qué tiendas son las más populares en cada país en particular y utilícelas como su guía. Luego mire qué géneros se venden bien allí. ¿Su género es uno de ellos? Si lo es, la traducción podría ser una empresa que valga la pena.

También es importante recordar que un número uno de los mejor vendidos en Amazon Brasil, no tiene nada que ver con el número uno en ventas de Amazon USA en términos de volumen de ventas. El mercado en Brasil es mucho más pequeño en términos de lectores y el precio de venta es mucho más bajo. Eso significa menos dinero para usted.

Por otro lado, también hay menos libros en portugués en la tienda en comparación con los libros en inglés en el sitio estadounidense de Amazon.com. Este menor volumen de ventas significa que se requieren menos ventas para alcanzar el estado de ventas número uno. Eso significa una mayor visibilidad en la tienda para usted, y la visibilidad en sí misma dará lugar a más ventas de libros.

Todo esto pretende ilustrar que hay varias variables en el trabajo. Lo que parece ser un mercado demasiado pequeño puede ser realmente rentable cuando se consideran todos estos factores, especialmente en un mercado en crecimiento. Pero mientras tanto, no asuma que uno de los mejores vendidos brasileño le permitirá ganar cientos de miles de dólares. No lo hará. Al menos no todavía.

Probablemente sepa que La Chica con el Tatuaje del Dragón y los otros libros de Stieg Larsson fueron publicados originalmente en sueco. Se vendieron bien en Suecia, pero la traducción al alemán realmente no se notó. Luego fueron traducidos al inglés y las ventas se dispararon en Norteamérica, el Reino Unido y ... la traducción alemana en Alemania. El catalizador fue la versión en inglés, lo que incitó a los lectores alemanes a fijarse finalmente en los libros en alemán. Llevar sus libros a muchos mercados puede tener efectos exponenciales. Tal vez su libro será el próximo gran éxito.

Pasado, Presente, y Futuro

La única forma de ingresar a los mercados extranjeros hace unos años era a través de un agente de derechos extranjeros, generalmente a través de su agente habitual. Luego, se pagó un porcentaje de su anticipo de editor extranjero a su agente y al agente extranjero. La idea de pagar grandes comisiones era aceptable porque no había otra alternativa. Había muchas personas en el medio y cada una recibió una porción. El resultado final fue que la mayoría de los autores nunca vieron un centavo más allá de un pequeño adelanto.

Muchos autores piensan que las traducciones extranjeras no son rentables porque no han sido rentables para *ellos*. Pero son rentables para las personas intermedias, su editor, el editor extranjero y uno o dos agentes involucrados. Si no lo fueran, su editor no insistiría tanto en bloquear sus derechos extranjeros cuando se firma un contrato de edición.

¡Alguien está haciendo dinero, y es hora de que ese alguien sea usted! Los tiempos están cambiando y el modelo también está cambiando.

Hace mucho tiempo cuando no había Internet, nada de esto era posible. Incluso tan recientemente como hace varios años, era difícil sortear las barreras del idioma. Tampoco existía la autoedición. Todo eso ha cambiado, y los auto editores de hoy tienen un mundo de oportunidades nunca antes disponible. La tecnología ha derribado barreras y creado plataformas que nos permiten llegar a más lectores que nunca.

Cosas tan simples como el Traductor de Google nos permiten traducir rápida y fácilmente lenguas extranjeras a la nuestra. Normalmente, la traducción suele ser bastante literal, tan simple como el Traductor de Google nos permita traducir en forma rápida y fácil a idiomas extranjeros a los nuestros. La traducción suele ser bastante literal, por lo que no es exactamente bonita, pero el trabajo está hecho. De repente, con un clic del ratón en "traducir", podemos tener una traducción lo suficientemente adecuada como para captar el significado de un sitio web, un artículo o texto, muy rápidamente. Y en caso de que Ud. se pregunte, quiero dejar en claro que NUNCA debe usar el Traductor de Google para traducir sus libros. Es imposible que el Traductor de Google pueda reemplazar a un traductor literario. Al menos no todavía.

Cláusulas Tradicionales de Publicación y Derechos Extranjeros

Si Ud. publica en forma tradicional, su contrato de edición normalmente cede sus derechos a la editorial hasta 70 años después de su fallecimiento. Toda su vida y tal vez también la de sus hijos! Eso siempre me ha parecido draconiano, pero así han sido las cosas y todavía lo son. Porque si vendes tus derechos extranjeros a través de tu editor, es probable que tengas condiciones similares.

Si bien los términos no son los mejores, al menos es fácil para usted. Pero ¿el resultado neto vale el costo de oportunidad que acaba de firmar? ¿Cómo podría saber lo que pudo haber sido? La contabilidad de regalías es tan opaca que quizás nunca sabrá a cuánto dinero renunció, hasta que lo considere y lo compare con las nuevas opciones que están disponibles para usted hoy.

Poniendo el adelanto a un lado, si usted vende suficientes libros para exceder su anticipo de ganancia, usted consigue un porcentaje de los ingresos netos del editor a partir del minorista. Es normalmente un pequeño porcentaje. ¿Recuerda a toda esa gente intermedia? Ellos siempre descontarán sus comisiones y gastos antes de que el dinero llegue a usted, que es el creador del libro, el autor.

Una razón por la que muchos autores creen que las traducciones a idiomas extranjeros no son rentables, se debe a que nunca ven ningún dinero por ello. Asumen que se debe a mercados pequeños o la mezcla pobre de su trabajo en otros idiomas. Algo de ésto es cierto, por supuesto pero a menudo la razón primaria es que la cantidad restante para el autor es exigua una vez que se pagan las tarifas de intermediario.

Existen ventajas precisas en el acuerdo tradicional. Usted firma y se olvida dejando las preocupaciones de edición y promoción a otra persona. Es posible que tenga mayores oportunidades de ventas con un editor tradicional, ya que ellos pueden llevar sus libros a más tiendas (al menos en teoría). Empero, al presente, los autores que a su vez publican sus libros, pueden llevarlos a los mismos canales y catálogos de distribución como los autores publicados tradicionalmente. Esto podría variar un poco de acuerdo al país pero las barreras van colapsando rápidamente. Voy a suponer que cualquier edición tradicional de ventaja que pospone la edición independiente desaparecerá dentro de los próximos 3 a 5 años, a lo más.

Naturalmente, la mayoría de los autores preferirían escribir que lidiar con todas las complejidades de editorial y marketing. Si Ud. es afortunado, recibe un cheque de vez en cuando. Mientras no sea plenamente consciente de que Ud. va dejando dinero en la mesa, hay otra desventaja al vender sus derechos: perder el control y la visibilidad sobre sus ventas. Entraremos en ello con detalle más adelante en el libro.

Si se publica de forma tradicional, es probable que ya haya firmado los derechos de traducción extranjera para algunos o todos sus libros. La mayoría de los autores lo hacen cuando firman su contrato de publicación. ¿Recuerda el factor multiplicador que mencioné anteriormente de 3 libros y 9 nuevos idiomas? Realmente está entregando una gran cantidad de posibles ingresos futuros cuando renuncie a estos derechos. Si bien es un increíble aumento del ego firmar con un editor, es aún más emocionante ver acumular dinero en su cuenta bancaria. Conocer sus opciones puede ayudarlo a aprovechar las oportunidades futuras.

Es una buena idea revisar sus contratos existentes para ver qué derechos extranjeros ha firmado, si los hubiere, y cuáles derechos están todavía dentro de su propio control. Entonces usted sabrá qué libros podría ser capaz de conseguir traducirlos usted mismo.

La terminología legal puede ser confusa en el mejor de los casos. También varía según el país, por lo que siempre es una buena idea revisar cualquier contrato con un abogado antes de firmar. Si bien su editor y agente pueden ser excelentes personas, tienen sus propios intereses creados en el contrato además de los suyos. Y mientras los agentes pueden estar bien versados en la publicación, no son expertos legales. La opinión de un abogado puede parecer costosa desde el principio, pero probablemente le ahorrará o le generará más dinero a largo plazo.

Exención de responsabilidad: yo no soy un abogado y esto no es un consejo legal. Sólo creo que mantener el control de su propiedad intelectual siempre tiene un buen sentido comercial. Como dice el refrán, el diablo está en los detalles.

Si ya ha firmado un contrato, deberá determinar si ha vendido o asignado sus derechos. Esta distinción es muy importante. Si usted vendió sus derechos, su contrato podría tener términos que especifiquen el derecho de copiar, distribuir, realizar, etc. Es muy probable que usted diera estos derechos al editor para su explotación. Si ese es el caso entonces usted podría haber entregado el derecho de hacer traducciones de su libro.

Hoy en día es más común licenciar sus derechos. En este caso usted ha otorgado el derecho a la editorial. Puede limitarse en el alcance y el tiempo. Sin embargo, los términos todavía pueden ser amplios. ¿Ha otorgado derechos de libros electrónicos en inglés o derechos exclusivos en todo el mundo? Es importante considerar cuán estrechos o amplios son estos derechos de licencia en su contrato particular. Aquí es donde el asesoramiento legal antes de firmar los contratos puede realmente dar frutos a largo plazo.

También considere si el editor tiene la experiencia e intención de explotar los derechos en su nombre. Si no, es mejor que los mantenga.

Para contratos futuros, es importante entender lo que se consigue y a qué se está renunciando. Pregunte a su agente acerca de los pros y los contras, pero tenga en cuenta que el agente tiene un gran interés en que usted firme con el editor, ya que así es como se los compensa y se ganan la vida. Podría o no tener mucho poder de negociación, pero siempre es bueno estar bien informado. Y dado que el editor quiere su libro, probablemente tenga más influencia sobre los términos del contrato de lo que piensa.

Es una buena práctica negociar para otorgar al editor sólo los derechos que es probable que persigan, en lugar de los derechos exclusivos. Si no proporcionan detalles específicos sobre lo que harán con la traducción y otros derechos, asígneles derechos limitados en su lugar. Derechos de reserva para todo lo demás, como ser la traducción.

Con tantas oportunidades hoy y en un futuro próximo, usted o alguien que contrate, casi con seguridad puede monetizar los derechos de manera más efectiva. Los tiempos están cambiando, y usted no será el primer autor en solicitar cambios al contrato de derechos de autor de su libro.

Un cambio que quizás desee considerar es limitar la duración del contrato. De esta manera, si no está satisfecho con los resultados, puede contratar a otro editor una vez que se haya finalizado el plazo, o administrar el proceso de traducción usted mismo siguiendo los pasos descritos en este libro. Un plazo más corto del contrato proporciona el incentivo adicional para que el editor promueva el libro desde el principio.

Ya sea que decida asignarlos al editor o mantenerlos para monetizarlo, tome una decisión consciente. Sólo porque hoy no seas famoso no significa que nunca lo será. J.K. Rowling firmó con un editor para los derechos de impresión, pero tuvo la previsión de mantener su libro electrónico y otros derechos subsidiarios. Fue una decisión que le generó decenas, si no cientos, de millones de dólares.

Carrie Fisher de la fama de La Guerra de las Galaxias, firmó todos sus derechos derivados por una pequeña tarifa fija (según los estándares de Hollywood) y no recibió ningún pago adicional por toda la mercancía creada a su imagen. Ella perdió millones de dólares. El suyo es un ejemplo extremo pero siempre es difícil predecir lo que podría convertirse en un éxito de ventas por muchos años en el futuro. Algo similar podría pasarle a usted y no puede borrar la tinta de ese contrato una vez que lo firme.

Habiendo dicho todo eso, si está leyendo este libro, es probable que ya haya pensado en tomar más control de sus derechos de traducción extranjera. Hay maneras de poner su libro en manos de lectores en el extranjero mientras se mantiene el control sobre su propiedad intelectual.

Este libro fue escrito, ante todo, para el autor independiente, así que tiene un enfoque de "hágalo usted mismo", pero veamos todas las opciones para que usted pueda tomar decisiones informadas.

Un Mundo de Oportunidad y una Oleada Múltiple de Ingresos

Además de ser un autor, me veo a mí mismo como cualquier otro dueño de negocios que busca maneras para expandirse y ganar más dinero. Nuestros libros son propiedad intelectual que pueden ser convertidos en numerosos nuevos productos y múltiples flujos de ingresos. Siempre he creído en la diversificación y los nuevos mercados a través de la traducción se adaptan perfectamente a ese modelo.

También creo en ese viejo adagio: "la suerte es lo que sucede cuando la preparación se reúne con la oportunidad". Hoy es el momento perfecto para crear su propia suerte aprendiendo acerca de las oportunidades increíbles que están disponibles para los autores como usted hoy. La tecnología nos ha dado las herramientas para sacar provecho de nuestra propiedad intelectual de maneras que eran imposibles hasta ahora.

Los libros electrónicos son cada vez más populares en otros idiomas y mercados y algunas áreas de oportunidad son evidentes. Alemania, por ejemplo, tiene una alta adopción del libro electrónico, ávidos lectores, y un número relativamente alto de lectores con ingreso disponible para gastar dinero en libros. Otros idiomas y mercados atractivos no son tan evidentes.

A lo largo de este libro, utilizo libros electrónicos y libros indistintamente, aunque actualmente los libros electrónicos representan la mayor parte de los libros que se venden por un autor publicado independientemente. Los libros electrónicos también tienen menos barreras de mercado, distribución y tecnología para conseguir libros en mercados extranjeros. Son una forma de bajo costo y bajo riesgo para que un lector pruebe nuevos autores.

Cada vez más personas leen libros electrónicos en sus lectores electrónicos, teléfonos y tabletas, especialmente cierto en los países en desarrollo, donde las limitaciones de oferta y distribución hacen que los libros en papel sean demasiado caros para la mayoría de las personas. Los mercados de libros electrónicos pueden convertirse rápidamente en la forma de libro dominante en estos mercados y ofrecer grandes oportunidades para los autores. Sin embargo, siempre publico tanto libros electrónicos como copias impresas de todas mis traducciones y les recomiendo que hagan lo mismo. Las oportunidades de impresión y las barreras a la distribución están disminuyendo todo el tiempo, y con Internet, los libros en rústica también están a solo un clic de distancia de los lectores.

Es importante estudiar cada idioma y mercado para comprender los rendimientos potenciales. Sin embargo, no es solo el número de hablantes de un idioma particular o la demografía del mercado lo que debe estudiarse. Una consideración importante es el gusto del consumidor. La popularidad de la lectura como una opción de entretenimiento varía ampliamente según el país, el idioma y la demografía, por lo que es importante conocer su mercado antes de profundizar en el tiempo y el costo de la traducción. Hay grandes oportunidades pero también dificultades si no elige correctamente.

La buena noticia es que es muy fácil evaluar las áreas de crecimiento potencial una vez que sepa dónde y cómo mirar. Este libro tiene todo lo necesario para que eso suceda.

Nunca ha habido un mejor momento para ser un autor, y nunca ha habido un mejor momento para traducir sus obras a otros idiomas.

3
MERCADO GLOBAL DE TRADUCCIÓN – UNA VISIÓN GENERAL

Las oportunidades de traducción varían dramáticamente según el idioma, el país y el género. La madurez del mercado también juega un papel importante. Por ejemplo, la adopción de libros electrónicos en los mercados de habla inglesa de los Estados Unidos y el Reino Unido es mucho más madura que en otros idiomas y países donde los libros digitales están comenzando. La popularidad de la lectura como forma de entretenimiento también varía ampliamente. Por ejemplo, la lectura no es tan popular en los países árabes, especialmente aquellos con menores tasas de alfabetización. Los lectores indios prefieren, abrumadoramente, libros de no ficción sobre la ficción. También hay muchos países con gustos más conservadores o más liberales que dictarán si un género es más o menos exitoso.

Esto significa que debe estudiar detenidamente los mercados por idioma y país, y el objetivo de sus metas de traducción de acuerdo con ésto. Echemos un vistazo a Alemania, que se considera el segundo mercado más grande en términos de idioma después de los EE.UU.

¿Qué tipos de libros venden el mejor en Alemania? Una mirada a los 100 mejores libros sobre Amazon.de muestra que el romance domina los 100 primeros libros, seguidos de películas de suspenso. Esto es una instantánea en un momento determinado y las cosas siempre cambian, pero le da una buena idea de si sus libros están en los géneros que tienen el mayor atractivo para los lectores alemanes.

Si escribe algo más especializado como la historia de la Guerra Civil estadounidense, sus expectativas también deberían ser mucho más altas en un mercado como los Estados Unidos, donde este tema es comprensiblemente más popular, más bien que fuera de él.

Una vez que determine que su género se adapta al mercado extranjero, considere el potencial de éxito de su libro frente a otros libros similares. Si su libro no se vende bien en la versión en el idioma original, piense detenidamente en suponer que sus resultados serán mejores en un segundo idioma. De hecho, podrían ser aún peores si el mercado es más pequeño.

Por otro lado, en realidad podrían funcionar mejor que sus libros en inglés. Por ejemplo, si usted escribe la ficción del crimen y encuentra un mercado desatendido en danés, sus libros traducidos podrían encontrar una ventaja competitiva destacando en un nicho de mercado.

Es importante tomar decisiones informadas para aprovechar al máximo el tiempo y el dinero, tanto el suyo como el de su traductor. Mientras el traductor hará la mayor parte del trabajo, esperarán en forma legítima que valga la pena invertir el tiempo, especialmente si están trabajando en una base de regalías. Y usted, como el autor, pasará tiempo buscando un buen traductor, formateando y publicando el libro, obteniendo nuevas portadas y promocionando el libro traducido. Desea maximizar sus posibilidades de éxito, y la primera consideración son los mercados potenciales en los que su libro se venderá.

Cómo Evaluar Mercados Potenciales

El método que utilizo es comenzar con los mercados más grandes y mirar qué géneros venden mejor. Si mi género es uno de ellos, entonces profundizaré en los detalles, incluyendo el sub-género en las plataformas de ventas más grandes de ese país. Tenga en cuenta que la tienda más popular a menudo no es Amazon en los países fuera de los Estados Unidos y el Reino Unido, y los géneros más vendidos también pueden variar mucho según la plataforma de ventas.

Considero los mercados por país, no por idioma. Por ejemplo, los Estados Unidos y el Reino Unido comparten el mismo idioma pero tienen gustos algo diferentes en los géneros. España y México pueden compartir gustos de género (o no), pero hay diferencias regionales muy diferenciadas en términos de traducción, así como de precios. El mismo libro en un idioma en particular podría ser rentable en un país, pero no en otro.

Este análisis detallado no consume tanto tiempo como parece, y un poco de tiempo dedicado al estudio de cada mercado le reportará más dividendos en términos de saber dónde y qué traducciones priorizar.

Actualmente, algunos de los mercados de libros más grandes son los Estados Unidos, China, Alemania, Japón, Reino Unido y Francia. Hay también otros países donde los libros electrónicos están ganando terreno rápidamente, tal como Italia. Los mercados más pequeños pueden ser muy atractivos debido a los precios más altos y a la menor competencia. Por ejemplo, los lectores holandeses están acostumbrados a pagar precios de libros electrónicos algo más altos que en los Estados Unidos porque es un mercado mucho más pequeño con menos opciones.

Algunos mercados, como China, son enormes, pero los precios son mucho más bajos, generalmente cerca del 20 por ciento de los precios de los Estados Unidos. También hay barreras significativas y puntos limitados de entrada de mercado para un autor independiente. Sin embargo, en China, lo que se pierde en el precio potencialmente puede ser compensado con creces por el volumen con el libro correcto.

Usted querrá elegir mercados con buenos canales de distribución, disponibles para vender sus libros. No tiene sentido traducir un libro para un mercado grande si no tiene manera de llegar a los lectores. Aunque me encantaría traducir todos mis libros en todos los idiomas posibles, esto no es ni práctico ni económicamente viable.

Cada mercado tiene sus propias oportunidades únicas y dificultades. Los mercados maduros con una mayor adopción de libros electrónicos generalmente significan precios más bajos, mayor competencia y menor potencial de crecimiento futuro. La entrada temprana en un mercado menos maduro podría significar menos competencia y menos sensibilidad a los precios, pero el crecimiento puede ser lento o tal vez no ocurra como se predijo. Siempre existe el peligro de que un pequeño mercado no crezca en absoluto.

Por otro lado, a una competencia más baja le da más visibilidad, facilitando la construcción de lectores. Los mercados más pequeños generalmente pueden apoyar precios más altos, algo que los autores pasan por alto a la hora de evaluar sus derechos extranjeros. Lo que es más, algunos mercados grandes tienen un menor número de lectores debido a la cultura, el costo, o compitiendo en opciones de entretenimiento. No voy a entrar en detalles aquí, ya que las cosas están cambiando constantemente. En cambio, compartiré mi método para elegir y priorizar en qué idiomas traducir.

La Elección de Mercados a Entrar

La mayoría de los autores analizará los mercados grandes y priorizará aquellos para la traducción, sin considerar los mercados más pequeños y de nicho que en realidad podrían generar mayores ganancias. Por ejemplo, la mayoría de los autores de habla inglesa ven a Alemania como el próximo mercado más lucrativo para sus libros.

Mi evaluación es un poco diferente, con un mayor énfasis en los mercados con precios más altos y menor competencia, porque siento que esto me da mayores probabilidades de éxito y un mejor potencial de ganancias a largo plazo. Sus resultados podrían variar, pero el punto es considerar muchas variables en lugar de sólo el tamaño del mercado y estar completamente informado para que pueda tomar decisiones lógicas y bien razonadas basadas en la información disponible en ese momento.

El mercado estadounidense, a pesar de los bajos precios de venta, una tasa de crecimiento que se ha estancado y la alta competencia, sigue siendo uno de los mejores mercados en los que estar, y podría representar la mejor opción desde el punto de vista de la rentabilidad. ¿Pero, durará?

Muchos de los principales autores encuentran que sus libros permanecen en la cima de las listas por períodos más cortos y deben tener un precio menor para lograr los mismos volúmenes de ventas que hicieron hace un año. El mercado de la lengua inglesa en general está madurando y está saturado con los libros, ya que es más fácil que nunca publicar. Hay muchos otros mercados lucrativos que vale la pena explorar.

¿Qué pasa con los grandes mercados sin explotar como

China? Hay muchos mercados desatendidos que podrían ser aún más provechosos en los próximos años. Los autores más exitosos serán los que entren temprano al mercado. Pero con las incógnitas viene el riesgo, así que desarrollé criterios para ayudarme a evaluar los riesgos y las recompensas de cada mercado global.

Primero estudio los mercados por idioma y luego por país dominante. Una vez que he identificado los mercados donde los libros de mi género son populares en general, considero otros factores.

Criterios de Evaluación de Mercado

Mi mercado ideal tiene las siguientes características:

PA o Precios Altos – libros con precios de venta caros

AC o de Alto Crecimiento – la lectura es en general constante o creciente en popularidad

BC o Baja Competencia – un número bajo de libros para satisfacer la demanda

MG o Mercado Grande- un gran mercado potencial de lectores

Género: confirmo que el género y el subgénero que seleccioné se encuentran entre los más populares en ese idioma y mercado en particular y en las plataformas de ventas más grandes de ese país.

Un libro que reúne tres o más de estos criterios tiene un buen potencial. Es difícil encontrar mercados con todas estas características. Si lo hace, entonces es un mercado que bien vale la pena explorar. También vale la pena señalar que un gran mercado sin ninguno de los otros factores todavía puede ser algo bueno, pero es probable que tenga que competir en el precio (tienen bajos precios de venta), y es probable que incurrirá en mayores costos de publicidad para obtener visibilidad, ya que el mercado será muy competitivo.

He aquí algunos ejemplos de lo que encontré:

Chino

de Alto Crecimiento
Baja Competencia
Mercado Grande
Géneros populares: romance, misterios
Tiendas en línea populares: Baidu, Douban, Amazon.cn, Overdrive

El chino representa un gran mercado con una tasa de crecimiento muy alta. Es potencialmente mucho más grande que el mercado inglés pero existen restricciones y censura contra ciertos tipos de libros, especialmente aquellos con temas políticos que podrían considerarse críticos del estado chino. El mercado chino es más conservador que el de los Estados Unidos cuando se trata de romance. Muchos libros de romance serán considerados demasiado picantes para los censores chinos. Los libros sobre temas políticos o históricos delicados tampoco serían aceptables.

Los precios son mucho más bajos que en los EE. UU., Por lo general alrededor de un quinto de los precios en los EE. UU., compensados por un volumen mucho más alto.

Hay traducciones chinas simplificadas (China) y tradicionales (Hong Kong y Taiwán), por lo que querrá hacer ambas cosas. Es difícil o imposible distribuir y vender traducciones chinas en China, porque necesita un ISBN emitido por el gobierno chino que solo se expide a editoriales chinas reconocidas..

Si usted está fuera de China, es necesario encontrar una solución de traducción que también proporciona la traducción y la distribución si desea llegar a la mayoría de los lectores chinos, aquellos de la China continental. Espero que estas opciones crezcan en el próximo año y se discutan las opciones existentes en la sección de plataformas de ventas más adelante en el libro. Kobo ha añadido muy recientemente la distribución de Taiwán, por lo que los nuevos canales también se están abriendo en ese mercado más pequeño.

HOLANDÉS
 PA, AC, BC
 Precios Altos
 de Alto Crecimiento
 Baja Competencia
 Géneros Populares: romance, suspenso
 Tiendas en línea Populares: Bol.com, Kobobooks.com

Amazon tiene una tienda holandesa, pero no es tan popular como Bol.com. El mercado aquí es pequeño pero el porcentaje de la población que lee es bastante alto, y dado que los hablantes holandeses nativos son solo unos 25 millones de personas, no se traducen tantos libros al holandés como a otros idiomas. Los lectores también están acostumbrados a pagar precios más altos.

Kobo también acaba de lanzar Kobo Plus, un servicio de suscripción de libros electrónicos por diez euros al mes, tanto en los Países Bajos como en Bélgica. Bélgica tiene dos idiomas principales: holandés (un dialecto flamenco) y francés. Kobo Plus es un lanzamiento piloto del servicio de suscripción global de Kobo, y espero que proporcione una mayor demanda de libros electrónicos traducidos.

El holandés belga (flamenco) tiende a ser un poco más formal que el holandés holandés. Como la mayoría de los hablantes de holandés se encuentran en los Países Bajos, opté por un traductor de los Países Bajos.

. . .

Francés
   Precios Altos
   Baja Competencia
   Géneros Populares: suspenso, romance
   Tiendas Populares en Línea: fnac.fr, amazon.fr, kobobooks.com

A los franceses les encantan sus librerías, pero después de un comienzo algo lento, los libros electrónicos finalmente están comenzando a ganar terreno. Este es un mercado razonablemente grande pero de crecimiento lento, en el que los libros electrónicos están comenzando a ganar el favor de los viajeros. Este es un mercado al que todavía puede llegar temprano para establecer su nombre. Creo que tiene un muy buen potencial a largo plazo.

Alrededor del cuarenta por ciento de los nativos de habla francesa en todo el mundo están en Europa, con Canadá en un lejano segundo lugar. El francés es también una segunda lengua muy común en muchas partes del mundo, incluidas las antiguas colonias francesas, en particular África.

Prefiero a los traductores de Francia simplemente porque me parece que sus traducciones son más universalmente aceptadas. Los libros más vendidos a menudo se traducen a los franceses europeos y franceses canadienses, porque ambos son mercados importantes, pero los dialectos son muy diferentes. El dialecto canadiense no es uno que los francófonos europeos quieran leer y viceversa, pero dado que la mayoría de los hablantes nativos son europeos, el dialecto europeo tiende a ser más ampliamente aceptado en otros lugares. Obviamente, hay aún más variaciones francesas en todo el mundo, pero estos son los dos grupos más grandes.

Alemán

de Alto Crecimiento
Mercado Grande
Géneros Populares: romance, ciencia-ficción/fantasía, ficción criminal.
Tiendas populares en líneas: Amazon.de, Tolino alliance (Thalia, Weltbild, Hugendubel, Buch.de, club.de, ebook.de, etc.)

La mayoría de los hablantes alemanes residen en Alemania, sin embargo también hay hablantes alemanes en Austria, Suiza, y otros lugares. Aunque hay pocas variaciones regionales en alemán versus otros idiomas, he optado por traductores de Alemania. Una palabra de advertencia: si emplea directamente contratistas con base en Alemania, tenga en cuenta que, según la legislación alemana, el traductor, no el autor, es el propietario de los derechos de autor del libro traducido. Esto puede tener un impacto significativo, ya que el titular de los derechos de autor tendrá el audiolibro y otros derechos derivados del libro traducido, no usted.

Una forma de solucionar esto es hacer que el contrato sea "un trabajo por encargo", donde el contratista (el traductor) se compromete a ceder sus derechos para el autor. Como ocurre con cualquier tipo de contratos legales, es mejor obtener asesoramiento jurídico si se trata directamente con un traductor alemán. La ley alemana podría incluso sustituir los términos del contrato, según el contrato de la jurisdicción. Dado que las leyes varían y pueden cambiar en cualquier momento, puedo evitar riesgos potenciales en virtud de este acuerdo, utilizando una plataforma de servicios como Babelcube, que emplea un trabajo por encargo con el traductor que emplea un contrato de trabajo por encargo con el traductor y tiene un mecanismo de disputa contractual. Posteriormente, más acerca de Babelcube.

ITALIANO

de Alto Crecimiento
Precios Altos
Baja Competencia
Géneros Populares: romance y más romance!
Tiendas populares en línea: Amazon.it, Mondadori.it

El italiano es un mercado pequeño pero en crecimiento, con una alta adopción de libros electrónicos y precios razonablemente altos. Aunque el mercado es algo pequeño, la lectura es muy popular en Italia. Hay muchas librerías, canales de distribución y blogueros de libros.

También hay muchos traductores talentosos, por lo que puede encontrar fácilmente un traductor de italiano de primera categoría a un precio razonable. Es uno de mis mercados favoritos en este momento porque no hay mucha competencia.

Si tuviera que elegir un mercado para comenzar hoy, sería Italia.

PORTUGUES

Mercado Grande
Géneros Populares: romance, no ficción
Tiendas populares en línea: Livararia Cultura, Amazon.com.br, Apple iBooks, Google Play

La mayoría de los hablantes nativos brasileros provienen de Brasil, y Portugal es el segundo a tan solo una fracción de Brasil. El mercado de libros electrónicos está creciendo en Brasil, pero con una alta proporción de descargas gratuitas y precios bajos. Sin embargo, con un mercado tan grande y muchos buenos traductores disponibles, es un mercado que no debe ignorar. Espero que evolucione de manera similar al mercado de EE. UU., a bajo precio y altamente competitivo.

Brasil tiene un sector editorial bien desarrollado. Con la economía brasilera en desaceleración en la actualidad, hay muchos buenos traductores de portugués brasilero disponibles para el trabajo independiente.

Yo prefiero un hablante nativo de portugués brasilero por razones de tamaño del mercado.

Español

Mercado Grande

Géneros Populares: Romance, ficción histórica, fantasía

Tiendas Populares En línea: Librerías Ghandi (México) Baja-Libros (South America), Amazon.es, Amazon.mx, Amazon.com

Si bien el español es el segundo idioma más popular a nivel mundial, detrás de los chinos en términos de hablantes nativos, no se convierte en un número igualmente grande de lectores. Por alguna razón, la lectura no es una de las actividades de ocio más populares en muchos países de habla hispana. Además, la piratería es bastante alta en muchos países de América del Sur, manteniendo bajas las ventas. Con excepción de España, los ingresos en los países de habla hispana también tienden a ser más bajos que en Europa y América del Norte en promedio.

La mayoría de los lectores del español europeo aceptan menos el español no europeo, como los dialectos mexicanos o latinoamericanos. Si bien no hay variaciones significativas del idioma entre los países, existen diferencias notables en lo que respecta a la gramática, la selección de palabras, la formalidad y las expresiones idiomáticas. Los lectores españoles entenderán perfectamente a su traductor argentino, pero probablemente concluirán que es una traducción deficiente en lugar de un dialecto diferente y no dudarán en decirlo en una revisión..

Esta es otra excepción donde el dialecto más ampliamente aceptado podría no ser el del país más poblado. España tiene una población de aproximadamente cuarenta y seis millones, que es mucho más baja que los 122 millones de México. Los dialectos también varían entre los países de América del Sur y América Latina. Mientras que España tiene poca influencia sobre sus antiguas colonias en la vida cotidiana, al menos en la literatura, el español europeo parece ser el más universalmente aceptado. Otro detalle interesante: actualmente, el mayor mercado español de libros electrónicos no es ni España ni México. Es el mercado de EE. UU. en Amazon.com.

Inglés
    Mercado Grande
    Géneros Populares: Romance, Misterio/Suspenso, Ciencia Ficción
    Tiendas Populares En Línea: Amazon.com, Amazon.co.uk, Kobobooks.com, Apple, Google Play

Revisión:
    Mis libros están escritos en inglés, así que no los traduzco. Sigo la ortografía y la gramática estadounidense. Mi consejo para los autores no ingleses que desean traducir al inglés es el mismo: enfóquense en la preferencia del país con la población más grande, que es Estados Unidos. Todos los hablantes de inglés entienden el inglés americano, aunque hay variaciones. El lector estadounidense es el más crítico e implacable y podría dar malas críticas cuando lea inglés del Reino Unido u otra variación en inglés. A veces, estas diferencias en la gramática y la ortografía se suponen erróneamente como errores. No hay nada como una mala crítica para perjudicar las ventas de libros, así que si tuvieras que elegir, te recomendaría inglés estadounidense.
    Tanto los EE. UU. como el Reino Unido, poseen una gran provisión de libros, por lo que los precios son bajos debido a la

alta competencia y el suministro. Si logra llegar a una lista de los más vendidos, puede hacerlo muy bien.

La mayoría de los libros publicados tradicionalmente que se traducen al inglés tendrán versiones tanto en EE. UU. como en el Reino Unido, ya que este último también representa un mercado considerable. Los mercados más pequeños, como Canadá, Australia y Nueva Zelanda, tienden a seguir variaciones en la ortografía del Reino Unido.

Probablemente ya haya notado que el género del Romance parece ser el más popular en todos los países y en todos los idiomas. El misterio y el crimen de ficción a menudo están en segundo lugar. Para estos géneros, asegúrese también de que el subgénero de su libro sea igualmente popular, especialmente dentro del género romántico, ya que algunos **niveles de calor** no serán universalmente aceptados en todas partes.

Otros idiomas

Hay otros idiomas que estoy viendo pero aún no estoy preparado para comprometerme. Estos mercados parecen prometedores pero es demasiado pronto para saber si valdrán la pena o no. Si bien tienen potencial en una o más áreas, también existen riesgos. Las cosas pueden cambiar rápidamente, así que estaré listo para saltar si las circunstancias cambian.

Hindi

Mercado Grande

India representa un gran mercado a primera vista; sin embargo, hay cuestiones importantes que debes tener en cuenta. Mientras que el inglés es ampliamente hablado y leído como el segundo idioma por muchos, especialmente aquellos con educación superior, todavía no es comprendido a nivel de lectura por mucha gente. El inglés es en general, secundario a una primera lengua de hindi o una de muchas otras lenguas maternas.

Incluso cuando el inglés se entiende, eso no significa que una persona quiera leer en su segundo idioma. Es un hecho que las personas prefieren leer en su primer idioma por encima de cualquier otro. Hay más de veintidós idiomas y miles de dialectos que se hablan en la India, lo que al principio parece ser un gran mercado es realmente uno muy fragmentado.

Además, una gran proporción de la población es analfabeta y la piratería está muy extendida. Los libros no son asequibles o aún accesibles para la mayoría de las personas. El factor de precios extremadamente bajos y todos los dialectos diferentes resulta finalmente en una baja probabilidad de ganancias, al menos en hindi.

El inglés es otra historia. La mayoría de los padres desean que sus hijos aprendan inglés para maximizar las oportunidades de trayectoria profesional, así que es probable que aquí descansen las mayores oportunidades de crecimiento. Sin embargo, los libros mejor vendidos son libros de no ficción para los propósitos educativos y profesionales.

Los hindúes son receptivos a la lectura en sus teléfonos inteligentes, y los libros electrónicos están fácilmente disponibles. Por el momento, al menos, podría ser mejor centrarse en las estrategias de precios y aumentar sus canales de ventas para sus libros de inglés en el mercado hindú en lugar de traducir sus libros.

Asimismo, creo que los audiolibros crecerán hasta llegar a ser más populares que los libros electrónicos en este mercado. También creo que los servicios de suscripción de Ebook, se convertirán en la principal manera de consumir libros en la India. El tiempo lo dirá, así que voy a esperar a ver como evoluciona.

Sin importar el formato, la ausencia de sistemas de pago es

un obstáculo aún mayor para las ventas d todos los libros en la India. La mayoría de los hindúes no usan tarjetas de crédito. Los pagos de compra que no son en efectivo se manejan principalmente a través de sus cuentas de operadores de telefonía móvil. Existen varias novedades prometedoras para los sistemas de pago pero hasta que estos estén vigentes, es probable que este lenguaje no rinda frutos pronto.

Indonesio
Mercado Grande
Bahasa Indonesio es el lenguaje oficial de Indonesia, empero, hay más de trescientos idiomas hablados, de modo que, si al principio parece un mercado importante, es más bien un tanto fragmentado.

Japonés
Mercado Grande
Precios Altos
Baja Competencia
En este momento no es tan fácil distribuir y vender libros en Japón que no sea por Amazon Japan, por lo que estoy observando este lenguaje y esperando nuevos novedades y oportunidades. Rakuten, la empresa matriz de Kobo, es la principal tienda japonesa de comercio electrónico y Amazon también tiene una tienda. Los desafíos de traducción se relacionan más con encontrar un buen traductor japonés. Todavía no he visto muchos traductores que sean hablantes nativos de japonés. Sin embargo, es un mercado que vale la pena explorar, por lo que es una prioridad en mi lista de observación.

Ruso

Mercado Grande

El mercado ruso es potencialmente muy grande, pero hay una piratería desenfrenada, y los precios son bajos. En este punto, no veo suficiente potencial para hacer una traducción al ruso que merezcan la pena, pero eso podría cambiar rápidamente

4

OPCIONES DE TRADUCCIÓN

Antes de empezar a buscar traductores, usted querrá tener una idea de las opciones de traducción disponibles, así como los costos potenciales y las diversas formas de pagar por una traducción.

La traducción puede ser costosa, especialmente si tiene muchos libros que quiere traducir a uno o más idiomas.

Algunos autores no se sienten cómodos gastando dinero por adelantado por una traducción cuando no conocen el mercado local o tienen la confianza o la tolerancia al riesgo de realizar una traducción en un idioma que no entienden.

Otros prefieren pagar sus traducciones directamente para mantener el control y maximizar las ganancias potenciales.

La Venta o la Asignación de sus Derechos

Los autores que desean minimizar sus riesgos a veces optan por vender sus derechos extranjeros, incluso si sus libros no traducidos son publicados independientemente. Para este arreglo, usted normalmente trabajaría a través de un agente pero los editores extranjeros a veces contactan a los autores directamente, si están interesados en traducir un libro. Como se podría adivinar, el ingreso potencial del autor desde esta vía será menor si el libro tiene éxito, pero la ventaja es que el autor no tiene que hacer una inversión inicial e incluso puede obtener un adelanto.

Una alternativa más reciente es Amazon Crossing, donde puede enviar sus libros para su consideración. Si su libro es elegido para un idioma en particular, no habrá costos iniciales y obtendrá regalías de la misma manera que lo haría si tuviera un contrato con un editor. Los traductores de Amazon Crossing hacen una oferta por el trabajo y generalmente se les paga una tarifa fija más una pequeña regalía si se alcanza un cierto umbral de ventas. La mayor ventaja de seguir esta vía es la máquina de promoción de Amazon y su ubicación preferida en la tienda de Amazon.

Los traductores de Amazon Crossing suelen ser buenos y hay que tener en cuenta que estos traductores también hacen otro trabajo independiente, por lo que siempre puede acercarse a uno directamente si está interesado en trabajar con ellos.

La desventaja de estos dos enfoques es que usted renuncia al control y parte de los ingresos. El editor recibe la última palabra sobre la elección de la portada y la marca, y usted asignará sus derechos por un tiempo muy largo, a menudo el período de vigencia de los derechos de autor es de más de 70 años después de fallecido. Sin embargo, en comparación, el término de Amazon es más corto, a los 10 años.

La ventaja es que allí para usted hay muy poco que hacer, fuera de firmar el contrato.

Administrando el Proceso de Traducción Personalmente.

Igualmente, hay varias formas de manejar las traducciones usted mismo, lo cual es mi preferencia. Hay que invertir tiempo al inicio pero bien vale el esfuerzo. También podría haber una inversión monetaria dependiendo del método que elija. Los métodos más comunes son:

- Pagar al traductor una tarifa fija basado en la duración del trabajo, normalmente expresado como un costo por palabra.
- Pagar una regalía como porcentaje de las ganancias del libro.
- Una combinación de ambos.

He realizado los tres. Mi preferencia varía según el costo del traductor y el mercado en particular. Se trata de una decisión difícil de tomar y llamado al juicio, ya que hay pros y contras para cada uno, y algunos de ellos podrían ser factores más significativos en algunos mercados que en otros.

Obviamente, usted elegirá el acuerdo que más le convenga pero cualquiera que sea la suma de regalías que usted decida, trate de pensar en el mejor resultado, en términos de equidad, también para el traductor. Los buenos traductores son muy difíciles de encontrar y, considerando los intereses de cada uno al pagar una tarifa justa, es la mejor manera para desarrollar y mantener una relación productiva y rentable a largo plazo.

Lo más importante es que usted desea incentivar al traductor a realizar una buena traducción y hacer que valga la pena para que trabaje nuevamente con usted en otros libros. No puedo pensar en una mejor persona que esté de su lado en un mercado extranjero. Incluso si ellos no son vendedores o promotores, pueden ayudarle a navegar en un mercado extranjero. La mayoría de las veces van a promover su libro sin siquiera darse cuenta, ya que están difundiendo su traducción de su trabajo como parte de su cartera de proyectos.

Un par de mis traductores me ha ayudado a ingresar en bibliotecas en sus mercados locales, al acercarse a las bibliotecas con mis libros. Nunca sugerí o pedí que ellos hicieran esto que ellos hicieron. Encuentro que cuando uno es justo en sus tratos comerciales, a menudo cosecha recompensas inesperadas. Aparte de ésto, es simplemente un buen karma.

Probablemente ya ha entendido por ahora, que las tarifas de traducción pueden añadirse rápidamente. También debiera tener varios libros traducidos y publicados en cada idioma, antes de esperar por cualquier resultado sustancial. Al igual que los libros en su idioma original, mientras más libros tenga, usted puede conseguir potencialmente más lectura y capacidad de descubrimiento. Espere a tener dos o tres libros en un idioma antes de que se lancen las ventas para ganar terreno. Una vez que esto pase, usted gana visibilidad y sus ganancias crecerán

Sin embargo, más libros traducidos significan gastos de traducción más altos. Obviamente, hay muchas maneras de financiar sus traducciones. Los siguientes arreglos son los más populares para trabajar con un traductor.

Tarifa Fija

Según este acuerdo, usted paga el costo total de la traducción. El pago acostumbrado es una cantidad por palabra, basada en el conteo de palabras en el idioma original. La tasa por palabra varía según el idioma y puede variar debido a la oferta y la demanda. Si hay muchos traductores pero no hay suficiente trabajo de traducción, las tasas probablemente serán más bajas. Pocos traductores pero alta demanda, resultará por lo general en una tasa más alta. Generalmente, usted paga un depósito inicial con el saldo a la entrega de la traducción final.

El costo dependerá de la tasa vigente para ese idioma a nivel mundial, así como de las tasas salariales prevalecientes en el país del traductor. En el momento en que escribí este libro, las traducciones alemanas tenían una demanda muy alta. Algunos de los mejores traductores cobran entre diez y quince céntimos de euro por palabra o más, lo que equivale a entre $ 8,000 y $ 12,000 para una novela de ochenta mil palabras. Algunos incluso piden un porcentaje de regalías sobre esta tasa.

Un lenguaje popular con muchos traductores que compiten por el trabajo tendrá tasas más bajas. Algunos traductores trabajan para tarifas tan bajas como dos centavos por palabra pero esa es la excepción, no laregla. Sin embargo, eso no significa que un lenguaje menos popular tenga una tasa más baja. De hecho, la tasa podría ser mayor porque hay menos traductores para elegir.

Mientras que las tasas son dictadas por el mercado, siempre hay traductores que pueden estar dispuestos a trabajar por tasas más bajas para ganar experiencia y establecerse como traductores literarios. Si hiciera la debida diligencia necesaria, podría encontrar un gran traductor de esta manera, a un costo muy razonable.

En virtud del arreglo de tarifa fija, el autor asume todo el riesgo. Independientemente de si el libro tiene éxito o no, al traductor se le paga cuando proporciona el producto terminado. El autor sólo recupera su inversión si el libro vende suficientes copias para compensar los costes iniciales. Eso es más fácil de decir que de hacer, ya que es difícil vender y promociona su libro en un idioma que usted no habla ni entiende.

La ventaja principal de pagar una tarifa fija es que una vez que se paga al traductor, no hay nada más que hacer. No se requiere una contabilización tediosa de los pagos de acciones de regalías y no hay resentimientos por parte del traductor si rebaja el precio del libro, lo libera o si no afecta las regalías de un traductor. Se les paga sin importar cómo se desempeñe el libro. Muchos traductores de primer nivel solo trabajan por una tarifa fija.

Muchos de los mejores traductores trabajarán por la tarifa fija más alta (como ser 15 centavos por palabra en el ejemplo alemán), además quieren un pequeño porcentaje como del 2.5 por ciento sobre ventas. Personalmente, si estoy pagando tanto, no estoy de acuerdo con el porcentaje sobre la tarifa. No deseo el fastidio administrativo y también siento que una tarifa generosa es más que suficiente.

Este método de pago por adelantado es sencillo y tiene la menor cantidad de carga administrativa, ya que no hay necesidad de consultar a un socio sobre el precio y ningún estado detallado de regalías que producir.

Es el más costoso en términos de costo inicial pero podría ser la opción más barata en el largo plazo si su libro despega y se convierte en un éxito de ventas. Estudie los precios de venta en ese idioma y género, considerando cuántas copias tendrá que vender antes de recuperar sus costos. Mi regla es que si puedo recuperar el coste inversión dentro de uno a dos años, yo pago por adelantado.

Pros

- Tiene la propiedad absoluta de la traducción. Es libre de distribuirla a todos los canales de ventas o solo a uno, sin consultar con el traductor ni afectar sus ganancias.
- Continúa manteniendo en exclusivo los derechos derivados para otros formatos como ser libros en audio, de bolsillo y otras cosas como las opciones de películas, de modo que inmediatamente, puede explotar estos derechos y ganar dinero más rápido.
- Flexibilidad de Precios. Usted podría optar el realizar el primer libro gratis o barato para propósitos de mercadeo, algo que sería injusto para

su traductor bajo una base de participación de regalías.
- Elimina la necesidad de mantener el registro tedioso requerido bajo un acuerdo de regalías.
- Minimiza el riesgo de litigios legales, ya que el contrato termina una vez entregado el libro.
- Podría ser la opción más barata para usted si su libro se vende bien.
- Usted obtendrá su traducción completada rápidamente, ya que el traductor lo priorizará como trabajo "pagado" en lugar de una cuota de regalías con un plazo de pago más largo e incertidumbre.

Contras

- Usted asume el costo de la traducción, que puede ser prohibitivamente costosa, que se acumulan si tiene muchos libros.
- Es posible que nunca recupere su inversión. Los precios del libro pueden bajar, los modelos de suscripción cambiaron y la competencia podría aumentar, evitando que usted recupere sus costos.
- Menos incentivo para que un traductor no ético proporcione un producto de calidad ya que no hay ingresos en riesgo una vez que el producto final es entregado. Podría no darse cuenta de que hay problemas de edición o calidad hasta obtener malas críticas.
- El traductor podría no estar motivado para ayudarle con el mercadeo y la promoción en el Mercado externo una vez que se le haya pagado en su totalidad.

Participación de regalías

Acuerdo directo con el traductor

Una cuota de regalías es la menos riesgosa para el autor en términos de costo. Sin embargo, conlleva el mayor riesgo para el traductor, que típicamente trabaja a tiempo completo durante uno o dos meses en una novela sin garantías de éxito o pago. Ellos no saben cuánto van a ganar con el tiempo o incluso cuando lo van a ganar ya que su cuota es un porcentaje de las ventas de libros. Esto se aparta de la forma en que los traductores han trabajado normalmente en el pasado, por lo que no todos los traductores están dispuestos a trabajar para obtener una regalía.

La traducción de una novela es una importante inversión de tiempo para su traductor y lo justo es que tengan tanta información como usted. Siempre es mejor ser claro con su traductor acerca de las ventas estimadas de la mejor manera posible, de modo que acceda a cualquier traducción con un sentido realista de sus posibilidades de ingresos y los riesgos implicados.

La mayoría de las personas tiene una visión demasiado optimista de las ganancias de publicación y de autor en general. Para evitar decepciones o expectativas poco realistas, es una buena idea proporcionar a su traductor detalles de alto nivel sobre sus ventas actuales para el libro y un rango aproximado de ganancias que podrían esperar de una traducción. Utilice sus ingresos netos de ventas actuales y las unidades vendidas con la salvedad de que los resultados variarán en un mercado extranjero.

Los ingresos de ventas netas son particularmente importantes ya que la mayor parte de traductores no tienen idea de qué porcentaje del precio de catálogo de un libro realmente se acumula al autor. Proporcione muchos descargos de responsabilidad, por supuesto, pero sea honesto y claro. Proporcione rangos amplios de estimaciones de ganancias de modo que, al menos, tengan una idea de la rentabilidad a fin de tomar una decisión informada.

Si tiene un buen traductor, querrá establecer una relación continua con ellos, idealmente para traducir todos sus libros de una serie determinada. Es mejor dar estimaciones de ventas conservadoras y superarlas que decepcionar. Con frecuencia, el mismo éxito de ventas en el mercado inglés no se repetirá en otros idiomas y mercados, y se ellos deben ser conscientes de eso también.

Una buena relación de trabajo con su traductor le facilita las cosas. Trabajar con un traductor talentoso en una serie de libros es mucho más fácil que seleccionar y contratar un nuevo traductor para cada libro.

Los traductores dispuestos a hacer acuerdos de regalías también suelen tener trabajos diarios para pagar las facturas. Una novela hecha a tiempo parcial puede tardar seis meses o más en traducirse, y aun así no hay garantía de que el traductor acepte traducir otros libros de su serie. Incluso si lo hacen, podría llevar años traducir todos los libros de la serie. Creo que es una buena idea mantener el mismo traductor para una serie completa cuando sea posible. Al igual que el autor original, agregan su propia "voz" a la traducción. Querrá que sea consistente en los mismos libros de una serie.

Este tipo de arreglo no será el preferido de la mayoría de los traductores. Los que estén dispuestos a hacerlo, o buscan ganar experiencia como traductor de una obra de literatura o, si ya la tienen, están dispuestos a arriesgarse ya que su libro pueda suponer un exitoso debut. Si lo es, el autor terminará pagando mucho más por la traducción, que si hubiera pagado por adelantado. Muchos traductores pedirán leer el libro primero para poder evaluarlo. Considere ésto un signo de un buen traductor quién toma en serio su trabajo.

Si contrata directamente a su traductor, querrá ser cuidadoso acerca de los términos del acuerdo. Un período de tiempo razonable es de cinco años, ya que la mayoría de los libros obtienen el grueso de sus ingresos en los primeros dos años.

Algunos autores deciden repartir las regalías a perpetuidad con sus traductores. No me gusta este método porque no quiero seguir calculando regalías sobre docenas o cientos de traducciones cuando tenga noventa años de edad. Si usted es cuidadoso al escoger un libro, los mercados y el traductor, éste debiera más que ganar su tarifa en un período de tiempo de cinco años. Si su libro termina siendo uno de los mejores vendidos, usted siempre puede decidir pagar un bono extra al traductor.

Uno de los mayores inconvenientes de una cuota directa de regalías es que el traductor no arriesga nada si no cumple con los plazos o si decide dejar a la mitad de su proyecto. Muchos autores se han quejado de no volver a oír de un traductor después de aprobada la muestra de traducción. Usted siempre puede comenzar de nuevo con otro traductor pero en el ínterin, ha retrasado el tiempo de traducción por meses e incluso años. Si tiene series para traducir, las demoras en el primer libro pueden retrasar toda la serie.

Un autor de ciencia ficción que conozco había contratado a un conocido y talentoso traductor alemán para traducir su libro, el primero de una serie de siete libros de ciencia ficción, en un período de 60 días. Ese tiempo fue sugerido por el traductor, no por el autor. Lamentablemente, eso fue hace dos años, y el autor todavía está esperando su libro.

Técnicamente, el traductor ha incumplido el contrato. El traductor afirma que el libro está terminado al ochenta por ciento y, dado que se trata de un acuerdo de distribución de regalías con un traductor que él de otra manera no podría pagar, el autor es reacio a tomar medidas. Sigue esperando el libro que nunca llega. No estoy seguro de lo que haría en la misma situación.

A continuación se resumen los pros y los contras que tratan directamente con el traductor.

Pros

- Sin costo de traducción inicial para el autor.
- El traductor está motivado para proporcionar una traducción de calidad.
- El traductor está incentivado para ayudarlo con la comercialización y promoción del libro en el mercado externo ya que esto potencialmente aumenta sus ganancias durante el plazo del acuerdo.

Contras

- Menos flexibilidad de precios, como ofrecer libros gratis o descuentos permanentes, sin discusión ni acuerdo de su traductor.
- El mantener registros puede llevar mucho tiempo y ser tedioso, ya que necesitará realizar un seguimiento de las ventas por libro, país, moneda y plataforma.
- Dependiendo del país, podrían haber asuntos sobre impuestos internacionales, tales como retención de pagos, exenciones u obligaciones impositivas inesperadas.

- Puede exponerse a pérdidas en moneda extranjera si se le paga en una moneda y debe pagar al traductor en otra.
- El traductor puede perder plazos o no entregar. Esto no solo impacta el libro actual, sino también los libros posteriores de la serie. El traductor no tiene ningún incentivo monetario para entregar si está ocupado en algo más.

También puede hacer una variación de este método, trabajando bajo un acuerdo de cuota de regalías con el traductor en una plataforma de traducción como Babelcube, en lugar de tratar directamente con esa persona. Además de los pros y los contras anteriores, hay algunas consideraciones adicionales si usted decide ir por esta vía.

Cuota de Regalías Usando una Plataforma de Traducción

En el siguiente capítulo entraremos en los elementos básicos del uso de plataformas de terceros, pero por el momento solo veremos qué considerar al decidir si seguir esta vía o no.

Lo mejor de las plataformas de traducción es que se encargan de todas las tareas administrativas. La plataforma de traducción también intercederá en su favor en caso de incumplimiento, recordando a los traductores cumplir con los plazos y tratar con otras cuestiones no relacionadas con el rendimiento, como los conflictos sobre la calidad de la traducción en sí.

Casos como este son raros pero suceden. Personalmente, no me gusta lidiar con estos asuntos, por lo que considero que este acuerdo es una gran ventaja.

También existen beneficios legales para este acuerdo ya que la plataforma de traducción tiene un contrato estándar con términos que protegerán sus derechos de propiedad intelectual, como el problema de propiedad intelectual alemán mencionado anteriormente.

Esto es precisamente lo que hacen en la versión de Babelcube de un "trabajo por contrato". Yo podría incorporar fácilmente los mismos términos en mis contratos, pero ya que no soy un abogado, no me atrevo a hacerlo. Independientemente de la plataforma que use, lea el contrato cuidadosamente y asegúrese de que todo está claramente indicado para que no haya malentendidos posteriores.

Discutiremos plataformas específicas en el capítulo siguiente.

Para resumir, una traducción a través de una plataforma de traducción es una opción atractiva sin una inversión inicial por parte del autor. El único riesgo significativo es una traducción deficiente que usted puede evitar eligiendo cuidadosamente a su traductor y evaluando la traducción de la muestra.

Pros

- La plataforma de traducción se ocupa de los registros, pagos e impuestos.
- La plataforma de traducción puede interceder en su favor si hay problemas contractuales, tales como entrega tardía o falta de rendimiento.
- El contrato de trabajo protege sus derechos de propiedad intelectual.
- Una vez finalizado el plazo, obtendrá todas las regalías subsecuentes y podrá explotar sus derechos intelectuales.
- Muy rentable y de bajo riesgo.

Contras

- La plataforma de la traducción toma un porcentaje de ingresos netos, dejando menos dinero para dividirse entre usted y el traductor.
- No puede explotar sus derechos subsidiarios, como audiolibros que estén basados en la traducción, hasta que el término del contrato termine.
- Hay un intermediario entre usted y los libros publicados, lo que limita su capacidad para establecer precios y categorías, y utiliza programas publicitarios específicos de la plataforma para promocionar directamente sus libros en algunas plataformas de ventas.

Las plataformas específicas se discutirán en detalle en el próximo capítulo.

Tarifa Fija Híbrida + Participación de las Acciones

Una tarifa fija más una participación de regalías puede ser un compromiso eficaz. Provee a su traductor de cierta certeza con una cantidad base garantizada más un incentivo adicional si el libro lo hace bien. Anima al traductor a promover y vender el libro para ganar aún más. Si quiere que un traductor le ayude con la promoción, asegúrese que también incluy los datos concretos en el contrato con entregas claras, como traducir la copia de ventas, publicar artículos, etc.

Un arreglo híbrido como este también puede mantener las cosas en buen camino, ya que al contratista no se le pagará la suma global hasta que proporcione el libro traducido. Normalmente, la suma global será por lo menos la mitad de lo que sería bajo un arreglo de tarifa fija, aunque puede variar según lo que usted acuerde con su traductor.

Este arreglo híbrido puede ser más complicado para usted, el autor, porque tiene todas las complejidades de un acuerdo de cuota de regalías en términos de mantenimiento de registros, sin mucho beneficio para usted. Una ventaja es que podría atraer traductores con más experiencia y talento.

Una variación de este arreglo es una opción ofrecida por una nueva plataforma de traducción de terceros. El autor puede aumentar el acuerdo de cuota de regalías del traductor con una suma global que se proporciona al completar la traducción. Más información sobre esta plataforma en el próximo capítulo.

Pros

- Usted puede atraer traductores más experimentados a un costo inicial más bajo.
- Paga menos dinero por adelantado.
- Usted proporciona al traductor un mayor incentivo para entregar un producto de calidad dentro de la fecha límite ya que sus ingresos están en riesgo tanto desde el punto de vista del tiempo como del rendimiento (si es una traducción deficiente, no venderá).

Contras

- Menor flexibilidad de precio, al ofrecer libros gratis o descuentos permanentes, sin discusión ni acuerdo de su traductor.
- El mantener registros puede llevar mucho tiempo y ser tedioso, ya que necesitará realizar un seguimiento de las ventas por libro, país, moneda y plataforma.
- Dependiendo del país, podrían haber asuntos sobre impuestos internacionales, tales como retención de

pagos, exenciones u obligaciones impositivas inesperadas.
- Puede exponerse a pérdidas en moneda extranjera si se le paga en una moneda y debe pagar al traductor en otra.
- A menos que esté específicamente exento en el contrato, usted no puede explotar sus derechos subsidiarios, como ser libros de audio basados en la traducción, hasta que finalice el plazo del contrato.
- Es posible que nunca recupere su inversión inicial. Los precios de los libros pueden disminuir, los modelos de suscripción pueden cambiar y la competencia puede aumentar, lo que le impide recuperar sus costos.

Vender Sus Derechos Extranjeros

Hay una última opción, que es vender sus derechos extranjeros. Puedes hacer esto independientemente de si usted mismo publica o lo hace a través de un editor. Algunos autores prefieren esta opción, pensando que sus ganancias de traducción extranjera serán mínimas y que el pequeño rendimiento no es digno de una gran inversión en el tiempo.

No hay nada de malo en este enfoque pero, y a veces es como la voz de un profeta. Según esta opción, usted debe pagar a un agente un porcentaje para encontrar un editor extranjero y el editor querrá obtener un beneficio. Es difícil saber cuánto dinero podría haber ganado potencialmente una vez que toma esta vía. Empero, puede ver cómo las ganancias pueden reducirse rápidamente con más personas en la proceso!

Siempre hay situaciones en las que esto tiene sentido. Algunos ejemplos son los mercados a los que no podría llegar por su cuenta, directamente o por medio de un intermediario, o en los que sería demasiado costoso o requeriría mucho tiempo.

Aunque las barreras del mercado están disminuyendo todo el tiempo, tenga en mente esta importante consideración. Usted no desea vender sus derechos por décadas o posiblemente por toda su vida, solo para descubrir más tarde que lo que era imposible, ahora es posible y fácil de realizar. Si tiene dudas, espere y vea cómo se desarrollan las cosas. Esperarlo es mucho más fácil que tomar decisiones que no se pueden revertir, solo para arrepentirse más tarde.

Pros

- No tiene nada más que hacer, por lo que puede dedicar más tiempo a escribir.
- El editor tiene experiencia en el mercado extranjero, por lo que, al menos en teoría, pueden comercializar el libro mejor que usted.
- Los editores locales han establecido canales de distribución. Es más fácil para ellos obtener exposición de libros traducidos y en librerías y bibliotecas.
- No hay gasto de dinero.

Contras

- Pierde el control sobre cómo se monetizan los derechos, si es que lo hace.
- Es poco probable que los derechos se le reviertan, incluso si el libro no se vende.
- Es probable que el acuerdo dure al menos por toda su vida, por lo que no hay vuelta atrás.

- Ganará menos en general, ya que tiene que dividir cualquier producto con su agente, el editor extranjero y cualquier otra parte involucrada.
- No tendrá control sobre la cobertura, los precios, la categorización, la promoción, etc.

Ahora que tiene una visión general de los costos potenciales de las traducciones y las diversas formas de pagar por ellas, probablemente tenga algunas conclusiones preliminares de qué método funcionará mejor para usted y sus libros. En el próximo capítulo, veremos dónde encontrar traductores y algunas de las plataformas de traducción de terceros más populares.

5
CÓMO Y DÓNDE COMENZAR

Dónde Encontrar Traductores Literarios

Puede encontrar traductores en varios lugares, incluyendo sitios web de traducción, sitios web independientes, a través de referencias de autor y plataformas en línea específicamente diseñadas para traducciones. Vamos a discutir cómo evaluarlos en un capítulo posterior, pero por ahora veamos dónde encontrarlos.

Veremos primero las plataformas de traducción. Creo que esta es la forma más fácil para que comience el principiante. Funcionan como un sitio literario de citas donde se encuentran autores y traductores. En los términos más simples, un traductor escoge uno de sus libros para traducir y hace una oferta, o elige un traductor y le pregunta si estaría interesado en traducir su libro. A cambio, comparte los ingresos con el traductor y también con la plataforma de traducción durante el plazo del acuerdo, que suele ser de cinco años.

Plataformas de Traducción

Los sitios web de la plataforma de traducción brindan toda la funcionalidad administrativa, incluida la publicación y distribución, una fuente para encontrar traductores, contratos y resolución de disputas, seguimiento de ventas y pago.

Las regalías netas recibidas se dividen entre el autor, el traductor y la plataforma de traducción.

Esta es la forma más fácil de comenzar las traducciones pero la desventaja es que debe renunciar a parte de sus honorarios y también puede perder cierto control sobre los precios de los productos, la distribución, la categorización y oportunidades promociónales.

La parte matemática es fácil: Si usted espera pagar a la plataforma más en honorarios que un traductor, entonces tratar directamente con un traductor es para usted. El precio es el mayor problema para mí, ya que la mayoría de estas plataformas no permiten el precio regional, al menos no todavía. Esto es una gran desventaja, ya que quiero que mi libro en español tenga un precio menor para el mercado mexicano y más alto para los Estados Unidos y España.

Los precios también afectan la promoción, ya que muchos minoristas, tales como Kobo y Apple, quieren precios para terminar en 0,99. Expositores en estas tiendas me han dicho que ellos no consideran libros para promoción u oportunidades de comercialización si el precio de lista termina en 0,74 o algo más que 0,99.

Actualmente, las plataformas de traducción importantes solo tienen un campo para un precio de venta en dólares estadounidenses. Los precios en mercados externos a los Estados Unidos son simplemente el precio estadounidense multiplicado por el tipo de cambio de divisas, por lo tanto, los precios raros que terminan en algo que no sea .99 son inevitables. Esperemos que las plataformas de traducción agreguen la funcionalidad de fijar precios geográficos para abordar esta deficiencia. Hasta entonces, puede afectar la visibilidad y el potencial de ventas en muchos mercados.

Otra desventaja es la categorización. Cada minorista tiene categorías ligeramente diferentes, y yo quiero que mis libros estén en la categoría más adecuada, con la menor cantidad de competencia para maximizar la visibilidad. Incluso eligiendo las mejores categorías para el mayor canal de ventas no garantiza que serán realmente clasificados por el momento en realidad se categorizarán allí cuando lleguen a los diferentes minoristas. Me parece que los libros a menudo terminan en grandes categorías generales como "misterio", en lugar de la subcategoría específica que había elegido. .

Las principales plataformas de traducción disponibles en la actualidad incluyen:

Babelcube.com – con base en los EE.UU..

Fiberead.com – con base en China

Traduzione Libri – con basse en Italia

Todos ellos operan sobre el mismo modelo básico de regalías, donde el autor no paga nada por adelantado pero entrega una parte de las regalías durante el plazo del contrato.

Babelcube

Babelcube.com es la más establecida de las plataformas de traducción de regalías y con la que recomiendo comenzar. Su plataforma está bien diseñada y es fácil de usar. El plazo de exclusividad es de cinco años, luego de los cuales usted es libre de publicar y ejercer cualquier derecho derivado como ser crear libros de audio basados en la traducción.

Las regalías se comparten entre el traductor, el autor y el Babelcube, con porcentajes que varían a medida que se alcanzan los umbrales de venta. Inicialmente, los umbrales de venta favorecen al traductor, lo que cambia para el autor ganando un porcentaje más alto una vez logradas ventas más altas.

Primero, llene sus portadas de libros y la publicidad en la sobrecubierta. Luego busque traductores en varios idiomas eligiendo ciertos criterios y añadiendo sus propios términos de búsqueda. Igualmente, los traductores también pueden buscar autores y elegir uno de sus libros para traducir. A continuación, ellos le hacen una oferta proporcionando una traducción de muestra para su evaluación.

Recomiendo buscar activamente traductores, en lugar de esperar a que un traductor haga una oferta. Muchos de los buenos traductores están ocupados entre seis meses y un año o más, así que usted puede, por lo menos, ingresar a su lista de espera si están interesados en traducir sus libros.

Le está permitido hacer una oferta por día para cada libro, y puede tomar días o incluso meses para que los traductores respondan! Por esta razón, recomiendo usar una hoja de cálculo con pestañas para cada idioma, para hacer seguimiento a quien hayan contactado y la fecha. Si usted tiene muchos libros, puede ser confuso, ya que la única otra forma es desplazarse por todos sus mensajes en la plataforma, y los mensajes no se ordenan por idioma.

He desarrollado una estrategia de priorizar los idiomas que quería traducir primero. Luego hice una lista de todos los traductores que cumplían con mis criterios. Si usted tiene una serie y desea que un solo traductor haga la serie completa, recuerde que cada libro puede tomar seis meses o más para traducir. Si usted ya está esperando seis meses para trabajar con ellos, entonces eso es una espera de un año sólo para el primer libro.

Los traductores de Babelcube abarcan toda la gama, desde traductores literarios experimentados con maestrías, graduados recientes en traducción que buscan adquirir experiencia, personas bilingües desempleadas y jubiladas que intentan algo nuevo, y todo lo que está entremedio.

Hay algunos excelentes traductores Babelcube, pero también hay un montón de gente sin experiencia en traducción alguna. Es una inversión que vale la pena dedicar algún tiempo a una revisión cuidadosa de un traductor de experiencia e idoneidad antes de comprometerse a trabajar con ellos. Más sobre esto en un capítulo posterior.

Mientras escribo esto, los idiomas ofrecidos en Babelcube incluyen lo siguiente:
Afrikáans
Holandés
Inglés
Francés
Alemán
Italiano
Japonés
Noruego
Portugués
Español

BABELCUBE INDICA que sólo ofrece idiomas donde hay un buen suministro de traductores y la demanda adecuada de los autores. He encontrado que esto es cierto en la mayoría de los casos. Sin embargo, hay muy pocos traductores para el japonés y el noruego y pocos o ningún canal de distribución que para las tiendas japonesas o noruegas. Hay algunos idiomas adicionales que me gustaría ver añadidos, pero no lo han sido hasta ahora.

La plataforma en sí es muy sencilla de usar y razonablemente bien diseñada. Es menos satisfactoria en el servicio al cliente y la rapiedez de la publicación. Las consultas a menudo quedan sin respuesta, lo que puede ser muy frustrante si usted está teniendo problemas.

Babelcube parece estar sufriendo dolores de crecimiento y solo tiene unos pocos empleados que intentan abarcar demasiado. A veces también hay problemas tecnológicos. Otras veces, los mensajes entre autores y traductores no se entregan. La publicación puede llevar mucho tiempo y puede haber retrasos significativos sin explicación. Por ejemplo, un libro electrónico podría publicarse en Apple, pero no en Amazon hasta semanas o incluso meses después. Al menos este fue el caso a fines de 2016. Entiendo que la plataforma tenía un problema tecnológico, así que espero que esto se haya resuelto permanentemente. Como se puede imaginar, esto puede hacer que promocionar un nuevo lanzamiento sea extremadamente difícil.

Tanto los autores como los traductores se quejan de los niveles de servicio al cliente Babelcube, que sin duda necesitan mejorar si quieren seguir siendo competitivos a medida que las nuevas plataformas de traducción entran en el mercado. Su plataforma está bien diseñada pero está mal implementada. Si hicieran algunas mejoras en el lado de la ejecución podría ser genial.

En cuanto a la traducción en sí, puede optar por trabajar con un solo traductor o un equipo de dos traductores. Recomiendo usar "equipos de traductores" siempre que sea posible. Esto consiste en un traductor principal y otro que revisa. Esto no sólo minimiza los errores, sino que aumenta las probabilidades de que la traducción se mantenga en el camino correcto.

Si un traductor no ha indicado en su perfil que trabaja en un equipo de traductores, siempre les pregunto si lo harán. Esto significa que tendrá que compartir una parte de sus pagos con el segundo traductor, pero también los beneficia. Ellos terminarán la traducción más rápido y una segunda persona hará la parte de edición. Obtendrá un libro más pulido.

Babelcube opera sobre una base de regalías. Las regalías se encuentran en una escala proporcional, con los traductores que ganan 55 por ciento de los ingresos netos para los primeros US$2.000, descendiendo al 10 por ciento de los ingresos netos por ventas de más de US$8000. La parte del autor es el 30 por ciento para los primeros US$2.000, aumentando a 75 por ciento sobre US$8000 durante el plazo de cinco años. Puedes ver un gráfico aquí: http://www.babelcube.com/faq/revenue-share

Algo que hay que notar es que los traductores parecen preferir cuentos cortos debido a los niveles de regalías. Lo que no se dan cuenta es que las historias cortas casi no se venden tanto como las obras más largas, como las novelas, por lo que no da resultado a su favor tanto como creen que lo hace.

El modo en que funciona

- Los autores suben sus libros a la plataforma Babelcube.
- Los autores pueden buscar traductores y los traductores pueden buscar libros para traducir.
- Los traductores hacen "una oferta" para traducir un libro poniéndose en contacto con el autor y proporcionando una muestra breve en el marco de tiempo.
- Una vez que el autor acepta la muestra de traducción, se realiza una muestra más grande y luego, se ingresa el contrato de participación de regalías estándar.
- Los traductores pueden trabajar solos o con otro traductor como editor y corrector de pruebas.
- Los autores se pagan a través de Paypal (el único método de pago al presente).

Fiberead

Fiberead.com es una plataforma de traducción China que traduce en chino simplificado y chino tradicional, ofreciendo al autor un 30 por ciento de regalías netas. Su plan es ofrecer otros idiomas en el futuro. Fiberead representa una oportunidad significativa para los autores independientes de conseguir sus libros en todas las plataformas principales en China. Sin embargo, también hay algunos inconvenientes serios, así que proceda con precaución.

En el lado positivo, Fiberead es menos autoservicio que Babelcube. Funciona más como un editor una vez que suba sus libros. Todo lo demás es supervisado por el gestor de proyectos de Fiberead. Un equipo de traductores es asignado para traducir, editar y corregir el libro. Espere muchas preguntas de sus traductores acerca de su texto, ya que cada traductor, editor y corrector tendrá sus propias preguntas.

He realizado varias traducciones con Fiberead y el proceso parece completo con una plataforma bien diseñada e implementada. Fiberead también se ocupa de los pasos de publicación, distribución y fijación de precios. El autor no hace nada más una vez que el libro se carga en el sitio de Fiberead.

Fiberead también tiene muy buenos canales de distribución para todas las principales tiendas chinas, tiendas que son difíciles o imposibles de conseguir desde fuera de China. Sin embargo, hay algunos problemas que tengo con Fiberead como empresa. Recientemente, Fiberead cambió algunos de sus términos del contrato y algunas de las cláusulas que agregaron son absolutamente desventajosas al autor. Mis libros fueron publicados bajo una versión anterior del contrato antes de estos cambios. No pienso traducir más libros con Fiberead a menos que cambien su contrato actual.

Le advierto que lea el acuerdo cuidadosamente y no proceda, a menos que comprenda completamente el lenguaje del contrato. En particular, tenga en cuenta la cláusula de derechos derivados, que le asigna sus derechos a Fiberead. El contrato les permite desarrollar aún más propiedad intelectual derivada de su historia. En otras palabras, es una cesión de derechos.

En virtud de esta cláusula, usted esencialmente les está concediendo permiso para vender películas, juegos, y todos los demás derechos, sin ninguna otra entrada o la aprobación suya. Algunos autores están plenamente conscientes de esta cláusula, pero razonan que no serían capaces de monetizar estos derechos en caso contrario. Sin embargo, nunca se sabe lo que va a ocurrir mañana y sin duda, podrían ser otras editoriales chinas dispuestas a ofrecerle mejores términos.

Si su libro no es popular, probablemente no ha perdido nada, pero si las ventas se incrementan de súbito, usted deseará haber conservado esos derechos para ejercerlos más tarde. China es un mercado enorme y no es uno en el que usted desee cometer un error.

Otras cláusulas de Fiberead mencionan al autor pagando por los gastos de los libros de bolsillo, algo que parecía que habían dejado atrás ligeramente después de las críticas. Pedir al autor que pague por los gastos de impresión cuando se les ha sido entregado el 70 por ciento de ingresos netos a Fiberead y a sus traductores es injusto. Ciertamente sus términos no son competitivos con otras plataformas de traducción, pero quizás es a causa de que no tienen ninguna competencia real al presente.

Y, tristemente, muchos autores acaban firmando el contrato sin leerlo.

Por último pero no menos importante, Fiberead se niega a dar a los autores una copia de su obra traducida en ePub o cualquier otro formato, diciendo que no distribuyen copias para evitar la piratería. Para mí no tiene sentido que un autor piratee sus propios productos; proporcionar una copia es la práctica comercial común. Muchos autores se han quejado a Fiberead sobre ésto, inútilmente.

Confío en que surjan más competencias y mejores condiciones para las traducciones chinas en un futuro muy próximo. Mientras tanto, sugeriría postergar cualquier traducción con Fiberead, hasta que modifique sus términos del contrato a algo más comercialmente aceptable.

El modo en que funciona

- Los autores suben sus libros a la plataforma de Fiberead.
- Se asigna un gerente de proyecto a cada libro, quién supervisa todo el proceso de traducción y de publicación.
- Los traductores ofertan por libros y son calificados sobre una muestra de traducción. Si finalmente son elegidos, trabajan en un equipo compuesto de traductores, editores y correctores.
- Fiberead se encarga de todo, desde elegir los traductores, publicar, establecer precios y escoger las categorías.
- A los autores se les paga vía Paypal (el único método de pago al presente).

Traduzione Libri

Traduzionelibri.it es una nueva plataforma con participación en las ganancias operada por una empresa italiana llamada Tektime. Hay algunos idiomas, como el polaco y el árabe disponibles en esta plataforma, que actualmente no están disponibles en Babelcube. Esta es una gran noticia, hasta que te das cuenta de que muchos de los idiomas que ofrecen no tienen canales de distribución en ese idioma. Dado que no puede distribuir o subir la traducción en ningún otro lugar durante el plazo del contrato, esto es, por el momento al menos, un obstáculo. Espero que esta limitación se resuelva pronto pero, por el momento, es difícil ver que las ventas crezcan rápidamente.

La plataforma ofrece una mayor cuota de regalía inicial al traductor que Babelcube, por lo que podría ser más fácil obtener traductores bajo un modelo de cuota de regalías, ya que las ganancias potenciales son mejores. La plataforma funciona igual que Babelcube, incluyendo el período de contrato de 5 años.

Sin embargo, la plataforma es muy nueva y sin probar, de solo pocos meses al momento de escribir ésto. El sitio está en italiano con una traducción al inglés (ver la parte inferior del sitio web) y, aunque es funcional, es obvio que todavía están resolviendo algunos de los problemas del sitio web. Si pueden encontrarse canales de distribución para todos los idiomas que ofrece, entonces será una competencia recibida de buena manera para Babelcube.

Al momento de escribir estas líneas, los idiomas ofrecidos en Traduzione Libri incluyen los siguientes:

Esperanto
  Afrikaans
  Malasio
  Noruego
  Polaco
  Rumano
  Ruso
  Árabe
  Cingalés
  Eslovaco
  Sueco
  Tailandés
  Turco
  Español

Albano
Macedonio
Serbio
Croata
Húngaro
Francés
Búlgaro
Alemán
Checoeslovaco
Danés
Italiano
Holandés
Estonio
Finés
Portugués
Griego
Japonés
Icelandic
Indonesio
Chino

M E QUEDO perplejo sobre cómo y dónde podría monetizar una traducción al Esperanto pero, nunca se sabe cuándo podrían despegar los mercados.
El modo en que funciona:

- Los autores suben sus libros a la plataforma Traduzione Libri.
- Los traductores colocan ofertas en sus libros y proveen una muestra de traducción para que usted la evalúe.

- Los autores pueden complementar el porcentaje de regalías con una tarifa fija opcional pagadera a la entrega de la traducción.

Otros Sitios Web para Traductores

Si decide que las plataformas de participación de ganancias de la traducción no son para usted y prefiere tratar más directamente con los traductores, hay muchos sitios para encontrarlos. Es raro, pero no imposible para usted, que encuentre a cualquier traductor dispuesto a hacer un acuerdo de reparto de las regalías.

Hé aquí algunos sitios comunes para encontrar un traductor:

Sitios Específicos para Traductor

Proz.com

Este sitio web es especialmente para la traducción, ya sea literaria o no. Es la red de traductores más grande del mundo y probablemente, la mayoría de los traductores con capacitación formal y / o experiencia profesional tengan un perfil aquí. Puede publicar un trabajo de traducción o buscar traductores para contactarse. También puede buscar un traductor para verificar su experiencia y calificaciones de clientes anteriores. Es posible que también desee buscar traductores utilizando sus propios criterios específicos como punto de partida, ya que puede encontrar sus sitios web e información de contacto en este sitio. También es un buen lugar para tener una idea de las tasas vigentes en cada idioma en particular. Lo ayudaré a desarrollar los criterios de evaluación del traductor en un capítulo posterior. Por ahora, veamos los sitios y lo que ofrecen.

Translator's Café (El café del Traductor) es otro sitio similar a to Proz.

Sitios generales de trabajadores por cuenta propia

También puede encontrar traductores a través de sitios de

trabajadores por cuenta propia, como Upwork (anteriormente Elance), aunque usted debe ser consciente de que el sitio web normalmente suele reducir significativamente los honorarios totales. Esto significa que los traductores tienen que incrementar sus precios para cubrir la cuota, o bien trabajar por menos dinero. Por lo general, los mejores traductores con una cartera de trabajo no trabajan por menos dinero, por lo que en algunos casos, es mejor contratarles directamente.

Estos sitios utilizan sistemas de calificación tanto para el comprador como para el vendedor, de modo que ambos están incentivados a actuar como buenos socios comerciales.

Algunas ventajas de ir a través de un sitio web independiente, son similares a las de las plataformas de traducción de regalías. Usted tiene un tercero que se ocupa de pagos o disputas. Si algo sale mal, el traductor sigue teniendo un interés personal en entregar de acuerdo al contrato lo contratado si quiere una buena calificación y continuar trabajando en el sitio.

Otro lugar que no he intentado, pero es utilizado por algunos autores es Fiverr. No recomendaría esta avenida ya que la premisa general del sitio son trabajos cortos de cinco dólares. Aquí no encontrará muchos traductores, o quizás ninguno, que sean bien calificados. La traducción de este sitio está más orientada hacia cosas como traducir una carta que o es algo tan complicado como una novela.

También he oído de autores que encuentran a traductores en Craigslist, a menudo a precios muy favorables. Mientras no cuestiono este sitio web, como un lugar para encontrar a trabajadores independientes de cualquier tipo, me siento mucho más cómodo traductores en los sitios especializados, donde los traductores tienden a pasar el rato

Referencias y recomendaciones

Usted también puede encontrar traductores a través de referencias y recomendaciones de otros autores. Solo tenga en cuenta que los estándares de todos difieren, por lo que la calificación excelente de alguien podría no ser del mismo nivel que la suya. También recuerde que mucha gente evitará dar malas referencias porque, incluso si no están satisfechos, no quieren perjudicar la posibilidad de que un traductor trabaje en el futuro, o no quieren que se les rastree una mala referencia.

No importa qué tan buena sea la referencia, asegúrese de que todavía obtenga una muestra del trabajo del traductor y que lo evalúen, preferiblemente por otro traductor profesional. Por lo menos, hágalo evaluar con un hablante nativo, al que le gusta leer su género y vive o ha vivido recientemente en el mismo país que el idioma de destino.

Contrato directo con el traductor

Si encuentra un buen traductor literario que viene bien recomendado, con excelentes referencias de otros autores, es posible que desee tratar directamente con ellos. O tal vez ya haya hecho una traducción con ellos en Babelcube u otra plataforma y decida trabajar con ellos directamente en la próxima traducción. He hecho esto último varias veces. Es bastante común comenzar en una plataforma de traducción y, a medida que se sientan cómodos entre sí, decidan mutuamente trabajar directamente fuera de la plataforma en su próximo proyecto.

Si usted trata directamente, necesita tener lo siguiente en orden:

- Un contrato con términos similares que especifique todos los detalles, incluyendo la jurisdicción legal del contrato, que posee los derechos (un "trabajo a

contrato" en la terminología legal para el país del contrato), condiciones de pago y fechas clave (ver contratos de traducción en los sitios web de plataformas de traducción para ejemplos).
- Cualquier problema fiscal (pagos, retenciones, elaboración de informes, etc.) están dirigidas tanto para su país y el del traductor.

Tarifas, pagos y tiempo

Puede decidir pagar una tarifa fija, solo regalías o una combinación de ambas. Dado que el mantenimiento de registros puede volverse oneroso rápidamente si se pagan regalías a varios traductores, establezca la frecuencia de pago para que no sea más frecuente que trimestralmente.

Asegúrese también de que su contrato especifique una fecha de pago que se produce después de haber recibido su dinero. Por ejemplo, pagarle a un traductor treinta días después de la fecha de venta, no funcionaría muy bien porque Amazon le paga sesenta días después del mes en que se producen las ventas. Pagaría al traductor con dinero que aún no ha recibido. Asimismo, es probable que los cargos por transacción sean más altos, con muchos pagos frecuentes, que unos pocos más grandes.

Si decide pagar una tarifa fija o por palabra, las tarifas varían ampliamente, así que verifique las tasas cotizadas con la tasa actual del mercado para ese idioma, ya que la tasa del traductor depende del idioma y la oferta / demanda de los servicios de traducción en ese mercado, la experiencia del traductor y los niveles salariales generales en ese país. Puede obtener una idea de las tasas en proz.com.

Los traductores normalmente cobran por palabra, desde tan solo $ 0.02 centavos por palabra a $ 0.15 o más. Para una novela de ochenta mil palabras, ésto equivale a un rango de $

1,600 a $ 12,000 por novela. Eso es todo un rango y una inversión importante, por lo que recomiendo no solo consultar las tasas del mercado, sino también probar la opción de compartir primero la regalía, para tener una idea clara de cómo funcionan las cosa.

Mientras comencé con el arreglo de la participación de ganancias, muchas de mis traducciones se han realizado, desde entonces, en base a la tarifa fija. Realmente depende de varios factores. Si hay demanda alta de traductores literarios en una lengua dada, podrían tener no mucho trabajo sobre la base de por palabra, y siguen trabajando un por base de la palabra y no están dispuestos a trabajar por regalías.

Mi preferencia es hacer el reparto de regalías directamente con el traductor. Esto deja más dinero para dividir con el traductor y me da más control sobre el libro en términos de precios y otras cosas. También incentiva al traductor para ayudar con lo que sea necesario, para que el libro sea un éxito. No tienen mucho que hacer pero es mucho más fácil pedirle a un traductor que le ayude a traducir alguna copia de marketing, cuando todavía tiene una relación continua con ellos a través de los pagos de regalías.

Eso sí, por favor tenga cuidado que un arreglo directo puede tener riesgos significativos. Si el traductor no entrega, o entrega un producto pobre, usted tiene menos opciones. Otra desventaja es la cantidad de registros involucrados. Usted tendrá que registrar y remitir regalías a cada traductor, lo que puede convertirse rápidamente en un montón de trabajo, si usted está utilizando múltiples traductores.

Finalmente, una razón a menudo pasada por alto al considerar un arreglo directo, consiste en si quiere poner el libro en el programa exclusivo de Amazonas, Selección KDP. No puede hacer esto con una traducción en Babelcube o ninguna otra plataforma, ya que su libro es automáticamente distribuido a docenas de tiendas aparte de Amazonas, y no hay manera de retirarse.

Independientemente del arreglo de pago que elija, mi recomendación es comenzar poco a poco y conseguir un libro o un cuento corto terminado, antes de que se comprometa en una sola dirección.

6
¿QUÉ HACE UN TRADUCTOR EXACTAMENTE?

Un buen traductor es un puente entre los mundos. Dan forma a nuestras palabras en un nuevo idioma, traduciendo y transformando nuestra historia a un nuevo lenguaje, sin perder su significado original. A través de mis traductores, y las traducciones, me siento conectado globalmente de maneras que nunca antes lo había hecho.

Traducir de un idioma a otro suena como algo que cualquier persona bilingüe podría hacer, ¿verdad? No exactamente. Traducir una novela no es tan simple como transmitir información en otro idioma. Un buen traductor conserva toda la pasión en un romance y toda la tensión en una historia de misterio al capturar las palabras y la voz del autor, así como un estilo de escritura específico del género. En realidad, es mucho más difícil de lo que parece. Comienzan con su libro y lo reescriben en un nuevo idioma, manteniendo la voz, el estilo y la intención del autor intactos. El lector del libro traducido disfruta de la misma experiencia de lectura que si hubiera leído la historia en el idioma original.

Así como muchos de sus amigos hablan inglés con fluidez, pocos o ninguno de ellos pueden escribir un libro. Usted desea capacidades de escritura y lenguaje en un traductor literario. El traductor no solo tiene un gran dominio de ambos idiomas, sino que también entiende la literatura. El hecho de que alguien sepa lo que quiere decir no garantiza que interpreten e impartan sus palabras, voz y emoción de la misma manera a un público diferente. La traducción es similar a muchas profesiones ya que a menudo solo vemos la superficie con el cinco por ciento de lo que hace una persona y no con el otro noventa y cinco por ciento.

Muchos traductores primero leerán su libro, tapa a tapa, incluso antes de decidirse a traducirlo. Una vez que toman, harán varios borradores. En primer lugar, un proyecto para ponerlo todo en papel, por así decirlo. Después de haber completado el primer borrador, pueden tomar un descanso de la traducción y dejarla descansar un poco. Entonces ellos hacer varios borradores antes de que el libro está hecho. Es como escribir una novela, ¿no es así?

De hecho, eso es más o menos lo que están haciendo, excepto que ya les ha dado para trabajar la trama, los personajes, y el ritmo. Un buen traductor retendrá su estilo de voz y narrativa. Algunos traductores son tan buenos que pueden hacer la versión traducida incluso mejor que el libro original.

Hay premios anuales de traducción literaria, incluido el premio Man Booker International, por el mejor libro traducido. Los mejores traductores son solicitados y comprensiblemente cobran altas tarifas por su trabajo. Estos traductores están, probablemente, más allá de nuestros presupuestos, pero todos ellos comenzaron en algún sitio. Hay muchos traductores literarios buenos a un costo razonable en este campo muy especializado. Tal vez uno de ellos es un futuro ganador de Man Booker International en espera.

Muchos traductores experimentados buscan irrumpir en la traducción literaria, y están dispuestos a trabajar por menos dinero a fin de ganar experiencia. Un montón de nuevos traductores, probablemente, son ávidos lectores en su género y compensan su inexperiencia con un sentido intuitivo de lo que funciona para su libro en particular.

Por otra parte, elegir al traductor equivocado puede tener un impacto duradero en su carrera como autor. Una mala traducción es algo que podría atraparlo para siempre, por lo que es fundamental para hacer su investigación. Una traducción pobre es una reflexión sobre usted y su marca de autor. Es muy difícil de enmendar, así que quiere hacerlo bien. Un lector decepcionado no va a leer sus otros libros. Peor aún, podrían decirles a otras personas que tampoco los lean.

Asimismo, toma tiempo para que un traductor produzca una traducción de calidad. Las traducciones son caras y por una buena razón. Hay mucho tiempo y esfuerzo involucrados. Sin embargo, siempre hay traductores que buscan adquirir experiencia en el creciente campo de la traducción literaria y pueden ser flexibles en términos de compensación. Usted puede encontrar los arreglos que sean mutuamente beneficiosos para ambos.

Sin embargo, también desea ser sincero con su posible traductor sobre el potencial de ganancias de su libro, especialmente si planea realizar un acuerdo de canje de regalías con ellos. Las ventas de unidades pueden ser engañosas, especialmente si fueron descargas gratuitas o ventas de 99 centavos. Trate de darle al traductor una estimación de los ingresos de su idioma de origen (inglés, en mi caso) y déjelos usarlo como punto de partida para la comparación.

Muchas personas, incluidos los traductores, operan bajo la suposición de que se garantiza que los libros más vendidos se venderán bien en otros idiomas. Ciertamente aumenta las probabilidades, pero nada está garantizado. Si bien los libros populares traen muchos ingresos, no siempre sucede en un corto período de tiempo tampoco. Puede proporcionar estimaciones amplias de sus expectativas, pero debe ser sincero con su traductor sobre qué esperar en términos de dólares y tiempo.

Y es evidente que las ventas dependen de la calidad de la traducción.

Una vez que encuentre un buen traductor, querrá establecer una asociación a largo plazo y trabajar juntos en futuros libros. Igualmente importante es asegurarse de que tenga buenos canales de comunicación con un traductor. Una falta de comunicación en absoluto, puede ser una señal de advertencia de que todo no está bien.

Tuve una primera mala experiencia con una traductora que inicialmente me había proporcionado una muy buena muestra. Seguí adelante y firmé un contrato con ella, pero ella faltó varios plazos y no contestó mis correos electrónicos por meses sin parar. Cuando finalmente respondió, ella dio una multitud de excusas y las cosas simplemente no estaban progresando. Mientras trataba de ser flexible, me sentía incómodo acerca de su falta de comunicación y evasivas.

No me importan retrasos menores porque entiendo que la mayoría de los traductores tienen trabajos de día. A veces la vida se interpone en el camino. Lo más importante para mí es una traducción de calidad que no se apresura. Pero esta traductora me engañó, así que comencé a preguntarme sobre la propia traducción.

Había hecho todo lo correcto en términos de verificar los antecedentes de la traductora y otras revisiones, e incluso tuve referencias de otros autores. Esta traductora fue altamente recomendada por otro autor que había traducido numerosos libros con ella, por lo que quería comprender sus circunstancias.

Empero, pasaron los meses y las fechas límite, por varias veces, no se cumplieron. Mi instinto me dijo que la traducción no iba a suceder. Había agotado todas mis opciones, aparte de romper el contrato. No quería hacer esto, así que le pedí que me enviara el texto que había traducido hasta el momento, y después de varias excusas y retrasos, finalmente lo hizo. Me sorprendí al descubrir que ella había usado Google Translate para el resto del libro, algo que de inmediato le hubiera valido al libro múltiples revisiones de una estrella y hubiera enojado a los lectores.

Hasta el día de hoy no entiendo por qué hizo esto, porque en nuestros 5 años de nuestro contrato de participación de ganancias, ella estaba perdiendo con una mala traducción al igual que yo. Por supuesto, yo perdería más, porque mis derechos habrían estado vinculados a ella por cinco años. No sólo iba a perder lectores, sino que sería incapaz de publicar mi libro en otro lugar hasta que el contrato terminara. Mi reputación como autor en ese idioma se vería perjudicada y el libro recibiría malos comentarios. Por fortuna, pude rescindir el contrato sin acciones legales. Mientras pude haberla demandado por incumplimiento de contrato, preferí invertir ese tiempo y energías en otro lugar, como ser escribiendo mi siguiente libro.

He aprendido una valiosa lección de que las cosas pueden ir mal, incluso con alguien que viene altamente recomendado y que nunca es una mala idea seguir el instinto. Por la razón que sea, mi traductora no se desempeñado al mismo nivel de calidad para mí como lo había hecho para el autor que la había recomendado. Los resultados del pasado no siempre son una garantía de los resultados futuros, así que asegúrese de obtener sus propias evaluaciones independientes de muestras de traducción, independientemente de las brillantes recomendaciones.

En el siguiente capítulo, veremos cómo escoger y evaluar a un traductor, para asegurarse que usted no cometa el mismo error que yo.

7

CÓMO ESCOGER Y EVALUAR A UN TRADUCTOR

Seguir una cuantas y sencillas instrucciones, rápidamente reduce sus selecciones para la gente más calificada, de modo que usted pueda comenzar a traducir.

La clave es la comunicación

Es de vital importancia el establecer una buena compenetración con su traductor. Después de todo, su interpretación será el éxito o el fracaso de su historia. Además de sus calificaciones técnicas y su estilo de trabajo, usted deseará tener una comunicación abierta y honesta y estar alineado en la frecuencia y tipo de comunicación a lo largo del proceso. ¿Desea a alguien que se comunicará con usted periódicamente con preguntas, o alguien que completará todo el proyecto de forma independiente? No hay una respuesta correcta o incorrecta pero usted puede evitar malentendidos si cada uno tiene expectativas similares sobre el proceso desde el comienzo.

Hablante Nativo

Como se mencionó anteriormente, los traductores se refieren a la lengua hacia la que traducen como el *idioma de destino*. El libro original es considerado el *idioma de origen*. Huelga decir que el traductor debe ser fluido en el idioma de origen. Idealmente el traductor será un hablante nativo del idioma de destino, con muy pocas excepciones. También deben ser residentes en el país del idioma de destino o habrán vivido allí durante los últimos cinco a diez años.

También tenga cuidado con alguien que liste fluidez en muchos idiomas. Si bien pueden tener un alto grado de fluidez en todos ellos, probablemente sólo hay uno o tal vez dos que están en un nivel lo suficientemente alto de aptitud para una buena traducción literaria.

Hablantes Nativos vs Hablantes No Nativos con Fluidez

Si bien es probable que conozca a personas que son completamente fluidas en su idioma, si no son hablantes nativos, entonces, probablemente, usted habrá notado que puede haber expresiones idiomáticas o palabras, con las que no están familiarizados o no suelen utilizar. Esto no es un problema en la vida cotidiana y los negocios, pero la literatura es a menudo matizada de una manera que sólo un hablante nativo captará.

Esto no quiere decir que no haya traductores con alemán como segundo idioma que le dará una excelente traducción; sólo que son pocos y distantes entre sí. Normalmente, las excepciones son aquellos que crecieron en un hogar y escuela completamente bilingües. Ciertamente puede ir con un hablante no nativo, pero usted tendrá que tener más cuidado en asegurar que su comprensión del idioma esté en un nivel muy alto. Como yo no tengo las habilidades para hacer ese tipo de evaluación, me aferro a los hablantes nativos.

Esto es particularmente cierto en el caso de ficción. Además de traducir su historia en otro idioma, el traductor también captura la esencia y el tono de la historia, así como el ritmo y género. Si usted escribe romance, querrá encontrar un traductor que sea familiar con el género. Usted desea que el traductor, no solo capture las palabras sino también el viaje emocional y la tensión romántica entre los caracteres. Lo ideal sería que sea un(a) lector(a) ávido(a) del romance, de modo que apreciará sus selecciones de palabras, ritmo y tono particulares, y reproducirá aquellas en su selección de palabras y estructura de la oración. Usted quiere que el traductor se "meta" en su historia. Usted quiere que un alemán nativo, quien a está leyendo su traducción en alemán, disfrute de la misma experiencia como lo hizo un lector inglés con la versión en inglés.

Calificaciones Técnicas

Las calificaciones de los traductores varían ampliamente por país. Algunos tienen calificaciones y pruebas estándar y muchos países ofrecen títulos universitarios avanzados en traducción. Normalmente busco un Máster en traducción literaria o su equivalente.

La traducción literaria es un arte y requiere el mismo toque creativo que la escritura de un libro. Tengo la sospecha de que podría ser incluso más difícil en algunos aspectos ya que un traductor debe mantenerse dentro de los límites que el autor ha definido al recrear ese mundo, de modo que transmita la misma emoción y sentimiento en una cultura extranjera y el idioma. El traductor es el puente entre dos mundos.

Me parece que las calificaciones son un buen punto de partida, pero al igual que hay muchos tipos de escritores, también hay muchos tipos de traductores. Los traductores pueden especializarse en documentos legales, transcripción médica y otras áreas no relacionadas con el mundo literario.

Sin embargo, el traductor más técnicamente competente puede no ser siempre la mejor opción para su novela. Necesita un equilibrio entre habilidad técnica y capacidad literaria. Los traductores que leen en su género pueden ser buenos hallazgos.

La fluidez en más de un idioma aún no es garantía de que ellos interpretarán sus palabras con la misma intención y emoción. Una autora encontró que la traducción de su novela al español era técnicamente perfecta. Sin embargo, le faltaba el mismo suspenso e intensidad ya que las palabras que el traductor usó, no eran exactamente lo que ella habría escogido.

Por ejemplo, "tragó agua" se transformó en "bebió agua" y "corrió por el callejón" se convirtió en "corría por el camino". Si bien la primera traducción en cada ejemplo es técnicamente correcta, sin duda es menos emocionante. En una novela de suspenso, ésta podría ser la diferencia entre competir a través del suspenso, al borde del asiento a ni siquiera dar la vuelta a la página.

Es fundamental que el traductor entienda los matices de su elección de palabras, porque él o ella está, esencialmente, reescribiendo su libro para una audiencia nueva.

Por supuesto, siempre hay excepciones a la regla. De hecho, dos de mis mejores traductores no tienen ninguno de los títulos anteriores. Ambos no tienen calificaciones de traductores formales pero ellos mismos resultan ser autores. Ni escriben en mi género pero como escritores, ellos entienden mi género y los matices de las opciones de palabras propias de cada género. Es inusual encontrar autores completamente bilingües que también sean traductores, pero hay unos cuantos alrededor.

Otra ventaja para un autor-traductor es que, posiblemente sean entendidos en las redes sociales, y conectados en su género, o al menos, sean conocedores sobre el mercado del libro y las oportunidades de promoción en su idioma y país.

Pueden ser aliados importantes en la comercialización de su trabajo. Más sobre esto, posteriormente.

Cómo evaluar

Usted no habla o lee una palabra de alemán, así que ¿cómo se puede evaluar la calidad de una traducción al alemán? Felizmente, hay varias formas para reducir su lista a unos pocos traductores. El proceso de evaluación puede consumir mucho tiempo, empero, bien vale la pena el esfuerzo para encontrar un buen traductor. Es de esperar que desarrolle una relación permanente con su traductor y trabajar juntos en muchos más libros.

La evaluación comienza incluso antes de que obtenga una muestra del traductor. El proceso de selección es de extrema importancia y es la razón por qué me gusta elegir a mis traductores más bien que esperar que ellos me hagan ofertas para traducir mi libro. Al aplicar algunos criterios de selección, probablemente pueda descartar a un 98 por ciento de los traductores listados en un sitio como Babelcube. Se requiere un poco de esfuerzo pero bien vale la pena porque allí también hay algunas joyas verdaderas.

Proceso de Selección

La Biografía del Traductor

Doquiera que encuentre a su traductor, él o ella ha provisto probablemente de una breve nota biográfica en el idioma original (el mío). Yo la leo, buscando las calificaciones que mencioné anteriormente pero también, buscando por algunos problemas en la ortografía o gramática.

Si hay errores, o bien no son completamente fluidos en el idioma original, o escribieron su biografía de prisa. Lo que sea que fuera, los descarto inmediatamente porque no deseo terminar con mismo resultado final en mi libro debido a que no quiero terminar con el mismo resultado en mi libro, debido a la falta de fluidez o falta de atención a los detalles.

También podría notar frases que representan la estructura de la oración correcta en el idioma de destino pero parece un poco "raro" en el idioma original, que en mi caso es el inglés. La oración solo luce un poco diferente…quizás hasta encantadora en otro contexto.

Mi primer instinto sería perdonar estas diferencias en inglés, ya que estarán correctas en el idioma de destino. Empero, un traductor profesional con fluidez bilingüe se adaptará a estas idiosincrasias, así que cualquiera que no lo haga debiera hacerte dudar. ¿Ha comprendido plenamente los matices del texto original? Recuerde, usted sólo está mirando una breve biografía. ¿Cuál es la posibilidad de que habrá traducido algo incorrectamente en una novela completa?

Podrían producir una traducción maravillosa pero si no son cien por ciento competentes en el idioma original del libro, siempre hay una probabilidad que pudieran malentender o traducir mal algo. Aún si es una pequeña probabilidad, no quiero arriesgarme.

Credenciales del Traductor

Los traductores suelen trabajar en uno o más pares de idiomas y se adaptan con fluidez en el primer idioma (de origen) y hablantes nativos del segundo idioma (destino). El idioma de origen y el idioma de destino expresados en conjunto se conocido como el par de idiomas.

Normalmente, un traductor expresará sus pares de idiomas en forma abreviada. Un traductor que traduce el inglés al alemán (Deutsch) expresará el par de idiomas como en-de, que utiliza los códigos de lenguaje estándar ISO 639-2.

También hay muchos tipos de traductores. Usted querrá

utilizar un traductor literario donde sea posible, ya que tienen entrenamiento especializado, tanto en traducción como también en literatura. La formación varía de un país a otro pero el estándar de oro es un grado Master en traducción literaria. Mejor aún si tienen experiencia trabajando para una editorial, porque tendrán experiencia con los estándares de publicación y quizás ya hayan traducido muchos libros..

Algunos países tienen certificaciones de traductores. Por ejemplo, en Brasil, ABRATES – la Asociación Brasileña de traductores, premia la acreditación nacional a un traductor una vez que aprueban una prueba de competencia. En los Estados Unidos, su traductor podría ser miembro de la Asociación de Traductores ATA-de los Estados Unidos. Esto proporciona la garantía de un cierto estándar básico de la capacidad técnica, puesto que el traductor ha pasado ciertas pruebas. Es una evaluación de nivel básico de competencia. Así que úselo como punto de partida en su proceso de selección.

Si bien las credenciales y la experiencia no son garantía de una traducción de calidad, alguna posición profesional significa que el traductor tiene el mismo riesgo de credibilidad que usted. No querrán una mala crítica para empañar su reputación y ahuyentar negocios.

Los traductores profesionales suelen tener perfiles en línea en sitios como LinkedIn, Facebook y sitios de traductores como Proz.com. Por lo general, enumerarán sus credenciales aquí, posiblemente con más detalle que en lugares como su perfil de Babelcube. Estos sitios también tendrán comentarios de los clientes, recomendaciones y más detalles sobre su historial de trabajo de traducción.

Los traductores también pueden completar exámenes en estos sitios de traducción para demostrar su dominio del idioma. Verifique si han hecho alguno y cuáles fueron sus puntajes. Verifique también las personas que dejaron revisiones o recomendaciones para verificar si realmente trabajaron para ellos o no. En algunos casos, he visto comentarios de traductores que fueron dejadas por otros traductores, por lo que consultar a los revisores también es una buena idea.

La falta de historial no significa que un traductor no esté calificado, pero tampoco proporciona ninguna verificación independiente.

Es importante realizar su debida diligencia. Lo último que desea es malas críticas debido a una mala traducción. El nombre que los lectores recuerden será el suyo, no el del traductor. Una mala experiencia significa que es improbable que compren sus libros otra vez.

Experiencia **Verificable y Resultados**

Idealmente, usted elegirá un traductor experimentado que ya ha traducido libros que han vendido lo suficientemente bien, como para tener reseñas. Busque en sitios de libros como Amazon, Barnes &Noble, Kobo, Apple y Google Play para libros traducidos por el traductor. Asegúrese de mirar en el sitio de lengua extranjera, en vez de los del sitio en inglés. Para un traductor alemán, busque el alemán en la tienda Amazon (Amazon.de) en lugar de la tienda estadounidense, donde le será más probable encontrar reseñas de libros.

Las revisiones pueden ser complicadas, por lo que se necesita un poco de criterios de evaluación. Cualquier mención de la traducción en la revisión es para mí una alerta roja. Cualquier comentario de traducciones deficientes es motivo de una revisión adicional porque la traducción debería ser invisible para un lector y nunca sacarlos de la historia. Si es una buena traducción, el lector ni siquiera mencionará que es un trabajo traducido.

Variaciones **Regionales**

Como se mencionó anteriormente, muchos idiomas tienen diferentes dialectos, y hay algunos que usted prefiere sobre otros basados en la popularidad global, así como el mercado que está apuntando. El español es un buen ejemplo.

Es tan importante que quiero hacer hincapié aquí. El español hablado en España difiere del español hablado en México. El español mexicano difiere también del español América del Sur. Algunas personas podrían decir que usted tiene una mala traducción pero podría ser simplemente debido a las variaciones en el dialecto. Podría ser injusto, pero es la realidad, y no quiere que su libro sufra de malos comentarios o pobres ventas debido a ello.

Busque diferentes dialectos y decidir qué y dónde enfocarse. El español hablado y escrito en España es muy diferente al español en América Latina, por ejemplo. Incluso hay diferencias entre el español latinoamericano y español de México. Es fundamental que usted elija el traductor apropiado para el mercado correcto.

El español europeo será más ampliamente aceptado en Latinoamérica que al revés. No es que las diferencias no sean comprendidas pero cuando algo se escribe diferente a su dialecto, realmente puede sacarlo de la historia. Ocasionalmente, habrá palabras conocidas en una región pero no en otra. Por ejemplo, hay muchas palabras británicas que los estadounidenses no usan.

Si usted es un éxito de ventas a nivel mundial, puede producir múltiples traducciones para abordar estas diferencias en el dialecto. De lo contrario, debe comprometerse un poco y hacer una elección consciente para apuntar un dialecto de idioma sobre otro.

Por ejemplo, en español, prefiero usar una traducción en español europeo por encima de una mexicana. Un buen traductor español todavía tratará de minimizar las diferencias para producir una traducción "neutral" en español. Ahora bien, siempre habrá opciones de palabras que requieren una elección de una manera u otra. La traducción no será la ideal para todos los mercados pero agradará a la mayoría mientras siga siendo aceptable a la gran mayoría de lectores de otros dialectos.

Simplemente no es práctico tener una versión para cada dialecto, así que elija la dominante. Consulte a algunos hablantes nativos para que le den orientación, ya que ésto no siempre se basa en los mismos criterios. A menudo, es la madre patria, pero no siempre.

Para el portugués, es un poco diferente. He elegido a traducir en portugués brasileño, porque representa un mercado enorme en comparación con el portugués europeo. Soy consciente de que esta elección probablemente aleje a lectores de portugués europeo, pero he decidido centrarme en lo que creo que es el mercado más lucrativo de los dos.

También elijo utilizar el francés europeo, sabiendo que mi elección puede no ser atractiva a los lectores franco-canadienses (en sí mismo un mercado considerable). También sé que cada mercado tiene consideraciones socioeconómicas que deben ser ponderadas, y mis decisiones tienen compensación.

Otros autores pueden decidir en forma diferente, en base a sus objetivos de mercado y presunciones sobre el futuro. Así que, mientras las mías son válidas para mis libros, podrían no ser las estrategias correctas para usted.

Evaluando las revisiones en libros traducidos

Aún las buenas revisiones de traducciones pueden ser problemáticas. Al igual que con cualquier libro, a las revisiones han sido dejadas por amigos o familiares del traductor , quien solo está tratando de ayudar a que el libro tenga un buen comienzo. Normalmente, ellos mencionarán cosas como una gran traducción. La mayoría de los lectores nunca piensan en una traducción, de modo que las reseñas que mencionan cuán fantástica es la traducción también deben ignorarse.

Presencia en Línea

También querrá buscar información sobre el traductor para ver qué tipo de presencia en línea tiene. Una presencia profesional, como un sitio web, es una buena señal y también puede proporcionar más información sobre sus áreas de especialidad y tarifas.

Asimismo, es una buena idea comprobar las diversas asociaciones nacionales de traductores como la Asociación Americana de Traductores (ATA) para ver si su traductor es un miembro. La membresía no es una medida de calidad, pero sí indica ciertas normas mínimas. Algunos de los sitios web como Proz.com, también tienen calificaciones de traductores basándose en el dominio del idioma de los diversos exámenes lingüísticos que ofrecen. Seguir estos pasos debiera reducir la búsqueda considerablemente.

Evaluando una prueba de traducción

La mayor parte de plataformas de la traducción funcionan de una manera similar. El traductor proporciona una muestra muy corta al autor. Si el autor la acepta, el traductor entonces produce una muestra más larga, por lo general de aproximadamente diez páginas. Estas no tienen que ser las primeras diez páginas del libro. Algunos autores proporcionarán una muestra de diez páginas desde la mitad de su libro, que tiene términos particulares o frases que podrían ser difíciles, o producir muchas variaciones.

Una vez que usted obtiene una muestra, busque un lector que sea hablante nativo del idioma de destino. Idealmente, este será un lector o escritor en su género, quien puede evaluar si la traducción que se lee fluye bien y confirmar que está bien escrita en sí misma y fiel a su tono y estilo originales.

Esto se pone un poco complicado, porque ¿cómo se puede saber si el evaluador está calificado para juzgar si una traducción es un trabajo de calidad o no? Si el evaluador es también un traductor literario con buenas críticas y mucha experiencia, entonces generalmente se puede confiar en su palabra.

Ya que está comenzando, probablemente no conozca a otros traductores literarios. Un lugar útil para encontrar evaluadores es en los grandes foros de autor, o donde los autores pasan el rato. Es posible que haya autores multilingües que tengan el conocimiento en el mismo par de idiomas. Pueden evaluar la gramática, la elección de palabras, la calidad general de la muestra de traducción, y si ésta es, o no, fiel a la versión original.

También puede encontrar un segundo traductor para evaluar la muestra en sitios como Proz o Upwork. Sólo asegúrese de que su evaluador esté al menos en el mismo nivel de experiencia que su potencial traductor. Esto es un poco un callejón sin salida si no conoces el idioma. Por eso es tan importante verificar las credenciales de los traductores como pruebas objetivas de su competencia.

Si le pide a un amigo que evalúe su muestra, proceda con cautela si el idioma de destino no es su lengua materna, o si no ha vivido en ese país por un tiempo prolongado. A menos que lea con regularidad en el idioma y el género de destino, su evaluación puede llevar a error.

Si es posible, trate de obtener varias opiniones sobre la calidad de la traducción. Sea específico en lo que les está pidiendo que miren. Usted quiere asegurarse de que la traducción no sea sólo una traducción estricta, sino más bien una que capture el tono y la emoción del texto original. Su libro es una forma de entretenimiento, así que mientras el libro debe transmitir el significado, también debe replicar la pasión de su novela romántica o el terror palpitante de su novela de terror.

Si ha elegido un equipo de traductores, puede pasar por alto errores tipográficos menores hasta cierto punto, ya que el último libro será revisado por el segundo traductor. Por otro lado, un traductor que le proporcione una muestra de su trabajo sin haber revisado cuidadosamente su trabajo, debe ser motivo de preocupación. Usted quiere un traductor que ponga el mismo nivel de atención en su trabajo como usted lo hace, porque su reputación dependerá de ello.

Todos estos procesos de selección toman tiempo pero bien valen la pena. Si usted termina con una mala traducción porque no seleccionó, las implicaciones pueden ser significativas y permanentes.

Si pagó una tarifa fija por la traducción, entonces está sin dinero. Pero si elige un acuerdo de reparto de regalías y acepta la traducción, entonces está obligado a publicarlo bajo su nombre y su marca de autor. También está bloqueado en un contrato de varios años con el traductor original por la duración del plazo del contrato y no puede anular la publicación y / o rehacer la traducción con otro traductor, hasta que finalice el plazo del contrato.

Lista del Proceso de Selección para el Traductor

Yo uso la siguiente lista de comprobación para elegir traductores. Siempre hay una excepción a la regla pero esta lista reduce el grupo potencial de candidatos que reúnen ciertas normas mínimas:

- Acreditaciones profesionales, como ser la membresía en asociaciones profesionales de traductores tales como la Asociación de Traductores de los Estados Unidos o el equivalente en el país del

traductor. Dependiendo del país, esto puede o no indicar que el traductor ha aprobado pruebas de aptitud. Sin embargo, la membresía me indica que son serios sobre su trabajo y su carrera como traductor.
- Formación académica, como licenciatura o maestría en traducción. Asegúrese de comprobar el nombre del título equivalente en diferentes países. A veces están bajo diferentes nombres, como un título de filosofía en Francia, por ejemplo.
- La lengua materna del traductor es el idioma de destino, y el traductor es de nivel universitario, con fluidez en el idioma de origen (como mínimo, el mismo nivel de lectura en el que sus libros están escritos).
- El perfil del traductor está bien escrito en el idioma de origen, sin errores ortográficos ni gramaticales en el perfil ni en sus comunicaciones posteriores.
- Credenciales profesionales verificables, tales como membresía en asociaciones de traducción, revisiones, o participación en ProZ.com, por ejemplo.
- Experiencia previa en traducciones literarias y revisiones de libros en línea buenas, del trabajo traducido.
- Revisiones de otros autores. Sugerencia: lea con cuidado entre líneas.
- Mención de calidad de la traducción en una revisión del lector. Inmediatamente rechazo ésta porque una traducción buena no debiera ser notada. El comentario de la revisión indica una traducción mala, o en caso de la traducción buena, una revisión falsa.

- El traductor tiene demasiados proyectos en marcha (podría afectar la calidad o la precisión de tiempo).
- Interés del Traductor en su trabajo. He notado que los traductores que sólo hacen ciertos géneros o quieren leer su libro primero antes de tomar una decisión son los mejores traductores. Sólo toman los proyectos que les interesa y que piensan que lo van a hacer bien. A mí, ésto muestra profesionalismo.
- Dónde viven. Si han estado lejos de su país de origen durante muchos años (donde se habla el idioma), podrían no estar actualizados sobre las últimas frases, modismos y expresiones idiomáticas. Esto podría ser más importante en la romance contemporáneo que la ficción histórica, a fin de sopesar en consecuencia.
- Las traducciones de las muestras son importantes pero con algunas salvedades. Usted puede encontrar un lector para comprobar si hay errores gramaticales o errores de traducción. Tener un amigo que habla el idioma es útil, pero si no siempre leen en ese idioma o género, no necesariamente sabrá si está bien escrito o no. Debe ser utilizado en la evaluación de la traducción, pero nunca como los únicos criterios.
- Confíe en sus instintos. A veces la gente luce genial en el papel pero su intuición le dice lo contrario. Hágale caso a ese presentimiento.

8
PUBLICACIÓN DE SU LIBRO TRADUCIDO

Comprobación y Publicación

Título

Escoja el título consultando con su traductor. No desea una traducción literal sino uno que no solo capture la esencia del libro y persuada a los lectores a comprarlo, sino también al género. Los géneros y categorías difieren a menudo en otros idiomas, así que echa un vistazo a las plataformas de ventas más grandes en el idioma de destino y ver cómo agrupan los libros. También, en muchos idiomas, el subtítulo es el género. Los suspensos franceses son a menudo subtitulados "Bobby/thriller", en holandés unos "thriller", y así sucesivamente.

Una consideración importante es si se incluyen o no los metadatos tanto en el título como en el subtítulo. Vale la pena explicarle al traductor las ventajas de incluir los términos clave de búsqueda, pero recomiendo que le proponga ejemplos específicos y preferiblemente muestras para compartir con el traductor, para que ellos obtengan la idea. En lugar de ofrecer un título y un subtítulo, proporciónele algunas opciones que contengan los metadatos deseados y que le digan por qué son o no son adecuados. Tener las palabras clave correctas en su título y subtítulo hace una gran diferencia en el descubrimiento de su libro, por lo que desea aprovecharlo al máximo en la medida de lo posible.

Note que no digo que debería tener un título de 60 palabras que incorpora cada término de búsqueda en el cual pueda pensar. Eso sólo abarata el aspecto de su libro. Empero, si su libro es un romance, incluya esa palabra y al menos, el subgénero en el subtítulo y use el mismo estilo como los otros libros en el género.

Estos deben ser los términos apropiados utilizados en ese idioma, ya que las categorías varían según el idioma. Para una traducción francesa de su novela romance contemporánea, por ejemplo, vea tiendas francesas como FNAC.com y Amazon.fr y mire cómo se categorizan los libros. Incorpore el nombre de categoría más adecuado como parte del subtítulo, y habrá añadido una manera más, para los lectores de romance francés, para encontrar su libro.

También recomiendo que, desde el principio, discuta sus objetivos de descubrimiento de títulos con su traductor. Esto les da tiempo para pensar en el título mientras están traduciendo el libro. Un buen traductor se presentará con un título que no sólo se muestra en los resultados de búsqueda, sino que atraiga al lector y le transmita la experiencia de lectura que obtendrá.

El Manuscrito

Independientemente de sus arreglos de traducción, seguirá los mismos pasos para obtener su libro formateado y listo para su publicación. Asegúrese de que el texto formateado conserva los caracteres específicos del idioma, como los acentos. La puntuación y el espaciado también pueden diferir en otros idiomas. Tenga especial cuidado al copiar o revisar su manuscrito, para asegurarse de no cambiar nada inadvertidamente.

No olvide agregar a su traductor como contribuyente bajo su nombre de autor, así como también incluirlo como colaborador en las plataformas de publicación cuando publique su libro.

La Cubierta

Necesitará una nueva cubierta. A menudo, los editores tradicionales diseñan diferentes portadas para cada mercado principal, adaptándolas a las preferencias locales. Por ejemplo, una portada de Estados Unidos para una novela romántica podría ser más explícita que la portada de la misma novela en el Reino Unido. Los editores adaptan las cubiertas para apelar a los gustos locales

Como autor independiente, sólo tiene la opción de subir una cubierta por libro, a menos que cree dos ediciones diferentes. Probablemente esto no es necesario sólo por razones de comercialización.

Sin embargo, a veces las cubiertas se cambian para abordar valores más conservadores o incluso leyes en otros países. A menos que usted tenga una cubierta atrevida en su libro de erótica, o tenga imágenes abiertamente políticas en una historia de guerra, probablemente no tenga que preocuparse de hacer cambios.

En la mayoría de los casos, usted puede mantener la misma imagen y sólo cambiar el tipo de su cobertura a la del idioma extranjero. Su diseñador de cubierta lo hará, probablemente, de forma gratuita o por una tarifa muy pequeña.

Si hace ediciones de bolsillo, también tendrá que cambiar la anchura del lomo para ajustar a un número menor o mayor de páginas en la versión traducida.

. . .

La Publicación

Además de comprobar que los caracteres específicos del idioma se conservan en el libro formateado, también querrá comprobar que el título y los metadatos se han reproducido correctamente, con acentos específicos del idioma, por ejemplo, en los campos de descripción y en los títulos de cada plataforma de ventas.

Incluso cuando los campos de entrada de datos aparecen correctos, podrían perder el formato cuando se publican realmente en el sitio del minorista, así que revíselos una vez que se publique el libro.

Encuentro que CreateSpace a veces no reproduce los acentos en francés y otros títulos. Parece que a veces trabaja y a veces no. Es muy importante tener el título publicado correctamente, de modo que aparezca correctamente en los resultados de búsqueda cuando la gente lo haga. Si encuentra errores extraños que formatean el idioma en su título y es incapaz de corregirlos después de unos intentos, póngase en contacto con CreateSpace y pida que ellos lo corrijan.

Aparte de eso, no hay diferencias en el formato y la generación de archivos para su libro traducido.

La Estrategia de Lanzamiento

Es una buena idea discutir su estrategia de lanzamiento y distribución con su traductor para ver si puede ayudar, o al menos proporcionar retroalimentación sobre sus planes. Otra área para solicitar ayuda es la traducción de la copia de publicidad, si usted está planeando hacer cualquier tipo de publicidad, como por ejemplo, anuncios de Facebook. Si usted o sus traductores conocen algún bloguero de libros, recomiendo llegar a ellos ofreciéndoles una promoción para unirse a su lista de correo. De esta manera usted puede comenzar una lista de correo en ese idioma específico. Esto se cubre en detalle en el siguiente capítulo.

Guardo listas de correo separadas para cada idioma. Las listas de correo segmentadas le permiten enviar notificaciones y actualizaciones específicas del idioma del nuevo lanzamiento sólo para la edición de idioma que les corresponde. También facilita el monitoreo de las aperturas, clics y otras medidas de rendimiento de cada idioma.

9

MARKETING Y PUBLICIDAD

Después del lanzamiento, su libro recientemente publicado tiene visibilidad en los primeros días y semanas pero ¿entonces qué? En poco tiempo se desvanece en la oscuridad y se pierde entre el mar de libros. Sus libros son suplantados con cada nuevo lanzamiento, hasta que son enterrados y nadie sabe buscarlos.

Si bien hay menos libros en los mercados que no son ingleses, también hay menos lectores. Tiene una gran cubierta y propaganda pegadiza pero todo eso no es bueno si nadie puede encontrar su libro. ¿Qué puede hacer para que su libro destaque?

La buena noticia es que, muchas de las cosas que hace con sus libros en lengua inglesa se pueden hacer en otros mercados. Y, dado que estos mercados son menos maduros que el mercado del idioma inglés, hay menos competencia, no sólo para sitios de publicidad sino también la licitación para anuncios. Su costo por clic probablemente será inferior en Facebook y sitios similares.

Sin embargo, debido a que hay menos lectores, podría ser más difícil llegar a ellos. El menor número de lectores se debe tanto a las diferencias permanentes como temporales del mercado de la lengua inglesa. Primero, el número de lectores en la mayoría de los otros idiomas (esencialmente una diferencia permanente), y la adopción posterior de libros electrónicos o de compras en línea (diferencia temporal). Sin embargo, los mercados no ingleses están listos para la interrupción, por lo que es sólo cuestión de tiempo antes de que las cosas se hagan más competitivas. Por eso es vital ser visible en estos mercados mientras todavía sea fácil hacerlo.

Pero, ¿cómo ganar visibilidad cuando usted no habla el idioma?

Traductores como Promotores Comerciales

La elección lógica sería pedirle a alguien que hable el idioma. La primera persona que viene a la mente es el traductor, puesto que ya está muy familiarizado e involucrado con su libro. De hecho, Babelcube sugiere que el traductor debería estar fuertemente implicado en la promoción. A primera vista de esto, tiene sentido.

Por otro lado, es probable que su traductor no esté tan bien informado sobre publicidad y marketing como usted, especialmente cuando se trata de promocionar un libro. Y, como sabemos en primer lugar, a la mayoría de las personas no les gusta hacer promoción. A menos que defina lo que quiere decir con "marketing", incluso un traductor entusiasta será reacio a tomar esto en cuenta.

Muchos traductores ya sienten que han hecho mucho trabajo y por simplemente traducirlo y están de acuerdo con ellos. Podría encontrar traductores excelentes que no desean realizar ningún marketing. Podría significar, a veces, que están incómodos al escribir textos comerciales o temen que les solicite comercializar agresivamente el libro traducido. No desean bloguear todo el día sobre su libro.

De hecho, esto no es lo que esperaba de ellos, de todos modos. Lo que quiero es preparar la copia de marketing yo mismo, en mi idioma. Solo necesito ayuda para la "última milla" para obtener mi copia traducida al idioma de destino. El encontrar blogs y sitios de promoción también sería provechoso pero puedo hacerlo yo mismo y los contactos en la mayoría de estos sitios, sabrán suficiente inglés para responder mis preguntas. Todo se trata sobre lo que pidas, siendo lo más específico posible..

Ahora sé que si proporciono la copia de marketing para traducir, o hacer preguntas concretas que pueden contestar, la mayor parte de traductores están contentos de ayudar. Y si no lo están, está bien también. En primer lugar y lo más importante, usted quiere la mejor traducción posible para su libro. Prefiero eso que un talentoso comercializador promoviendo una traducción mediocre. Pero si puede encontrar tanto a un traductor talentoso como un comercializador natural en la misma persona, es un bono.

El marketing es algo aterrador para la mayoría de la gente. Pero cuando lo divides en sus componentes, no es tan desalentador como parece. Conocer los detalles es un largo camino para aliviar el miedo de alguien a lo desconocido, así que creo que es mejor para el autor realizar las partes en las que están bien informados, y aprovechar los talentos del traductor para cosas como el conocimiento local y los requisitos del idioma.

Yo procuro hacer tanto trabajo como sea posible, de modo que todo lo que tiene que hacer es traducir la copia de publicidad, la publicidad en la sobrecubierta, etcétera, y quizás reconducirme si me dirigía en la dirección equivocada. Me siento confiado al preparar la copia de publicidad en mi idioma natal y determinar dónde y cómo comercializar. Me rebotan ideas fuera del traductor para la validación y, a menudo, recuperar sugerencias muy útiles.

A menudo proporciono el anuncio inglés a mi traductor,

con la solicitud de trasladar una docena o más palabras en él. De esta forma, puedo obtener su reacción sobre si el anuncio de gráficos "traduce bien" para su Mercado, si la imagen y la llamada a la acción son suficientemente pegadizas. Luego, incorporo la copia traducida y voilá, tengo un anuncio traducido, listo para usar en los anuncios de Facebook u otras promociones.

Comparto mis metas promocionales con mi traductor, así como preparo una hoja de información con el título del libro, la publicidad de la sobrecubierta, gráficos y compro enlaces. Eso lo hace casi natural para el traductor, para compartir y promocionada el libro traducido. En general, trato de pedir ayuda a los traductores solo en áreas donde me falta conocimiento y confianza. No existe una solución única, así que me adapto según sea necesario.

Idealmente, es un esfuerzo conjunto con el autor proveyendo el anuncio publicitario para ser traducido, y el autor y traductor trabajando juntos para hallar sitios web de promoción. Yo creo que los sitios promocionales son solo una forma temporal de descubrir libros hasta que las grandes plataformas de ventas, tales como Amazon, Apple, Google Play, y Kobo ofrezcan más publicidad de pago por clic u oportunidades promocionales en sus sitios web, tal como han comenzado a hacer en el mercado inglés. Esto lo hace más fácil ya que todo lo que usted necesita es alguna copia traducida, una cubierta traducida, orientación por palabra clave adecuada y usted está servido.

Sitios Web de Promoción de Libros

Hasta entonces, tendrá que encontrar otras maneras de obtener visibilidad, tales como blogs de libros y sitios de publicidad de libros. Idealmente, su traductor conocerá algunos de estos sitios, pero si no, usted podría tener que proporcionar alguna orientación sobre cómo encontrarlos.

También puede encontrarlos usted mismo. Los términos de búsqueda en ese idioma para cosas como las gangas de libros electrónicos o frases similares deben identificar algunos sitios clave. Aquí es donde Google Translate viene muy bien, ya que puede traducir casi cualquier sitio web en su idioma para ver si se adapta a sus necesidades de promoción.

Los anuncios de Facebook también podrían ser efectivos y el mercado no está tan saturado como lo es para los libros en inglés. Con menor competencia, el costo podría ser más razonable. Sin embargo, la efectividad depende de la popularidad de la propia plataforma en ese idioma en particular.

Por ejemplo, ejecuté un anuncio de Facebook en un nuevo lanzamiento holandés y, a pesar de la popularidad de mis libros allí, tuvo un compromiso muy bajo. Sé que el libro es popular y la portada resuena entre los lectores. Apunté al grupo demográfico que lee mis libros. También creo que Facebook también es popular allí. Sin embargo, no fue efectivo. El problema podría ser mi copia publicitaria o la llamada a la acción, o tal vez no apunté al grupo demográfico correcto. Siempre es difícil saber con publicidad, pero es un poco más difícil evaluar los resultados cuando se anuncia en un idioma extranjero.

Si usted no es cuidadoso, los costos de marketing y publicidad realmente pueden sumarse. La mejor manera de abordar los anuncios que está diseñando para usarlos en sitios como Facebook, es probar algunas variaciones de su anuncio y hacer algunas pruebas para ver cuál funciona mejor. Producir pruebas divididas significa ejecutar dos anuncios casi idénticos al mismo tiempo, por lo general con solo una o algunas diferencias para que pueda reducir lo que funciona y lo que no funciona. Haga una oferta baja para comenzar, y una vez encontrado un anuncio que obtenga el mayor número de clics, detenga todos los demás anuncios y gaste su dinero en el exitoso. Esto le ahorrará dinero a largo plazo.

No importa cómo usted publicite, puede erosionar rápidamente sus ganancias o incluso ponerle en una posición de pérdida a menos que usted se pegue a su presupuesto, revise y evalúe cuidadosamente sus resultados, y modifique cuando sea necesario.

Y, como puede imaginar, es más fácil obtener beneficios cuando usted tiene más de un libro, porque si a los lectores les gusta su libro, usted obtendrá una venta total. Por esta razón, recomiendo esperar a que usted tenga unos libros en un idioma en particular antes de comenzar la publicidad.

Al igual que en inglés, la mejor cartelera sigue siendo la parte posterior de su libro. Capturar la atención de un lector es más fácil mientras que usted todavía los tiene en su ecosistema. Utilice una llamada a la acción al final de su libro para comprar el siguiente o para inscribirse en las notificaciones de la nueva versión.

La parte posterior del libro es como un inmueble de Manhattan , una ubicación privilegiada para comunicarse con su lector. Esto adquiere una importancia aún mayor cuando no se habla el idioma, ya que su habilidad para bloguear o comunicarse de otra manera, en un idioma que no habla, es limitada. Todo lo que tiene que hacer es proporcionar algo que no requiere traducción: un enlace al próximo libro. Siempre me aseguro de que mis enlaces estén configurados para mostrar primero todos mis libros con el idioma de traducción, para que el lector no vea primero un montón de libros en inglés.

Esta es una forma más pasiva de publicidad, pero probablemente la más efectiva. Cualquiera que haya leído su libro hasta el final, sin duda lo ha disfrutado, por lo que estos son potencialmente sus lectores más fieles, los que van a comprar su próximo libro en el momento en que sea publicado. También serán los más probables que recomendarán sus libros a sus amigos.

Un sitio web o muchos?

Como con todo, siempre hay compensaciones entre la perfección y la practicidad.

Tengo un sitio web para todos los idiomas de mi libro, con fichas separadas para cada idioma. Otros autores utilizan una página por libro, con cada edición extranjera de ese título que aparece en la misma página. Aunque esto parece una manera prolija y ordenada de organizar sus libros, probablemente no es como un lector va a buscar sus libros. Lo que es más importante, una vez que un lector me encuentra, quiero que vean y compren todos los libros que tengo en su idioma. Por ese motivo, recomiendo una sección de su sitio web para cada idioma, con todos los títulos listados allí.

Algunos autores tienen un sitio web separado para cada idioma. Obviamente, se tiene la desventaja de varios nombres de dominio de sitios web y gastos adicionales, y también da más trabajo. Otro inconveniente en ésto es, que el tráfico de su sitio web se extenderá entre muchos sitios, lo que significa que no clasificará al máximo en las búsquedas de sitio web. No estoy seguro de cuántas personas encontrarán su sitio web y luego seguirán sus libros a través de una búsqueda orgánica, pero más tráfico siempre es bueno.

Redes sociales

Usted probablemente ya tenga una página de autor en Facebook, donde hace actualizaciones y habla sobre nuevos lanzamientos. Algunos autores han creado páginas de Facebook separadas para cada idioma. Esto es ideal, o sea, mientras tenga un asistente en cada idioma para administrar la página.

Algunos de los autores de mayor venta lo hacen y la ventaja es una página cohesiva y organizada que les habla a los lectores directamente en ese idioma. Como con la mayoría de las cosas, es una compensación. Si gana un millón de dólares al año, podría valer la pena tomar estos pasos adicionales y comprometerse aún más con sus admiradores.

No olvide que una página de Facebook, a diferencia de su sitio web, no es algo que controla. Las cosas pueden cambiar de la noche a la mañana, y a menudo lo hacen. No recomiendo gastar mucho dinero seleccionando algo que podría desaparecer mañana. Es mejor involucrar a esos lectores consiguiendo que se inscriban en su lista de correo electrónico, donde se puede controlar el contenido y el sistema de entrega.

La mayoría de mis traductores se complacen en traducir publicaciones de blogs y boletines de noticias para los libros que han traducido, porque les beneficia a largo plazo cuando el libro funciona bien. Solo asegúrese de no exagerar y pedir demasiado. Un nuevo boletín de lanzamiento es una cosa, pero si planea una comunicación mensual regular con sus suscriptores en ese idioma, debe esperar pagar al traductor por este trabajo de traducción en curso..

10

CONCLUSIÓN

He incluido algunas listas prácticas en el apéndice, de modo que se puedan referir fácilmente a ellas si las necesitan. La mayoría de las indicaciones son de sentido común pero es fácil perder la pista, ya que hay tantas cosas en qué pensar.

Sus derechos intelectuales y cómo monetizarlos son importantes, como también el con quién trabaja. Los mercados pueden y cambiarán pero los fundamentos del mercado y cómo evaluarlos no lo harán. Saber qué buscar es la clave y yo creo que le he dado todas las herramientas para hacerlo.

Este libro fue escrito con la intención de proveer una revisión concisa de las oportunidades de traducción al presente, junto con consejo práctico sobre cómo realizar elecciones informadas. Es un mercado en continuo desarrollo pero, yo pienso, es uno que contiene vastas oportunidades para autores empresariales.

Espero haberle convencido de dar los primeros y simples pasos hacía la obtención de sus libros en nuevos idiomas y mercados, o al menos, le haya dado algo en qué pensar.

Si le gustó el libro, por favor considere dejar un breve

comentario. Me encanta recibir comentarios porque me ayuda a mejorar continuamente y también adaptar mis libros a las necesidades de los lectores. Más que nada, sin embargo, quiero compartir mis experiencias con tantos autores como sea posible. Es un pequeño mundo con grandes oportunidades que son nuestras si lo queremos.

Sueña en grande y feliz traducción!

11
APÉNDICE - LISTAS

Las listas aquí provistas son de fácil referencia. Es mejor comenzar con la primera lista (escogiendo mercados e idiomas) y proceder a través de cada lista en orden.

Escogiendo **Mercados e Idiomas**

Los mercados ideales tienen dos o más de las siguientes características:

AP o Precios altos: Los libros atraen precios altos de venta

AC o Alto crecimiento: La lectura es generalizada y constante o crece en popularidad

CB o Competencia baja: Un bajo número de libros para llenar la demanda.

MG o Mercado grande: Un gran mercado potencial de lectores

Género: El género y sub-género escogidos, están entre los más populares en ese idioma y mercado en particular.

. . .

Escoger estructuras de tarifa – **Tarifa Fija vs Regalía**
Tarifa Fija
Pros

- Tiene la propiedad absoluta de la traducción. Es libre de distribuirla a todos los canales de ventas o solo a uno, sin consultar con el traductor ni afectar sus ganancias.
- Continúa manteniendo en exclusivo los derechos derivados para otros formatos como ser libros en audio, de bolsillo y otras cosas como las opciones de películas, de modo que inmediatamente, puede explotar estos derechos y ganar dinero más rápido.
- Flexibilidad de Precios. Usted podría optar el realizar el primer libro gratis o barato para propósitos de mercadeo, algo que sería injusto para su traductor bajo una base de participación de regalías.
- Elimina la necesidad de mantener el registro tedioso requerido bajo un acuerdo de regalías.
- Minimiza el riesgo de litigios legales, ya que el contrato termina una vez entregado el libro.
- Podría ser la opción más barata para usted si su libro se vende bien.
- Usted obtendrá su traducción completada rápidamente, ya que el traductor lo priorizará como trabajo "pagado" en lugar de una cuota de regalías con un plazo de pago más largo e incertidumbre.

Contras

- Usted asume el costo de la traducción, que puede ser prohibitivamente costosa, que se acumulan si tiene muchos libros.

- Es posible que nunca recupere su inversión. Los precios del libro pueden bajar, los modelos de suscripción cambiaron y la competencia podría aumentar, evitando que usted recupere sus costos.
- Menos incentivo para que un traductor no ético proporcione un producto de calidad ya que no hay ingresos en riesgo una vez que el producto final es entregado. Podría no darse cuenta de que hay problemas de edición o calidad hasta obtener malas críticas.
- El traductor podría no estar motivado para ayudarle con el mercadeo y la promoción en el mercado externo una vez que se le haya pagado en su totalidad

Participación de Regalías (sobre una plataforma de traducción con terceros)

Pros

- La plataforma de traducción se encarga de mantener los registros, pagos e impuestos.
- La plataforma de traducción puede interceder en su favor si hay problemas de contrato tales como una demora en la entrega o incumplimiento.
- Los trabajos a contrato protegen sus derechos de propiedad intelectual.
- Una vez cumplido el término, usted obtiene todas las regalías subsecuentes y puede explotar sus derechos intelectuales.
- Costo muy efectivo y bajo riesgo.

Contras

- La plataforma de traducción toma un porcentaje de la ganancia neta, dejando menos dinero para dividir entre usted y el traductor
- No puede explotar sus derechos subsidiarios, tales como libros de audio que se basen en la traducción, hasta que el plazo del contrato termine.
- Hay un intermediario entre usted y los libros publicados, limitando su capacidad de establecer precios, categorías y uso de los programas de publicidad específicos de la plataforma, para promocionar sus libros directamente en algunas plataformas de venta.

Lista de Proceso de Selección del Traductor

- Acreditaciones profesionales, como ser la membresía en asociaciones profesionales de traductores tales como la Asociación de Traductores de los Estados Unidos o el equivalente en el país del traductor. Dependiendo del país, esto puede o no indicar que el traductor ha aprobado pruebas de aptitud. Sin embargo, la membresía me indica que son serios sobre su trabajo y su carrera como traductor.
- Formación académica, como licenciatura o maestría en traducción. Asegúrese de comprobar el nombre del título equivalente en diferentes países. A veces están bajo diferentes nombres, como un título de filosofía en Francia, por ejemplo.
- La lengua materna del traductor es el idioma de destino, y el traductor es de nivel universitario, con fluidez en el idioma de origen (como mínimo, el

mismo nivel de lectura en el que sus libros están escritos).
- El perfil del traductor está bien escrito en el idioma de origen, sin errores ortográficos y gramaticales en el perfil ni en sus comunicaciones posteriores.
- Credenciales profesionales verificables, tales como membresía en asociaciones de traducción, revisiones, o participación en ProZ.com, por ejemplo.
- Experiencia previa en traducciones literarias y revisiones de libros en línea buenas, del trabajo traducido.
- Revisiones de otros autores. Sugerencia: lea con cuidado entre líneas.
- Mención de calidad de la traducción en una revisión del lector. Inmediatamente rechazo ésta porque una traducción buena no debiera ser notada. El comentario de la revisión indica una traducción mala, o en caso de la traducción buena, una revisión falsa.
- El traductor tiene demasiados proyectos en marcha (podría afectar la calidad o la precisión de tiempo).
- Interés del Traductor en su trabajo. He notado que los traductores que sólo hacen ciertos géneros o quieren leer su libro primero antes de tomar una decisión son los mejores traductores. Sólo toman los proyectos que les interesa y que piensan que lo van a hacer bien. A mí, ésto muestra profesionalismo.
- Dónde viven. Si han estado lejos de su país de origen durante muchos años (donde se habla el idioma), podrían no estar actualizados sobre las últimas frases, modismos y expresiones idiomáticas. Esto podría ser más importante en la romance

contemporáneo que la ficción histórica, a fin de sopesar en consecuencia.
- Las traducciones de las muestras son importantes pero con algunas salvedades. Usted puede encontrar un lector para comprobar si hay errores gramaticales o errores de traducción. Tener un amigo que habla el idioma es útil, pero si no siempre leen en ese idioma o género, no necesariamente sabrá si está bien escrito o no. Debe ser utilizado en la evaluación de la traducción, pero nunca como los únicos criterios.
- Confíe en sus instintos. A veces la gente luce genial en el papel pero su intuición le dice lo contrario. Hágale caso a ese presentimiento.

ACERCA DEL AUTOR

S.C. Scott escribe libros de negocios de no ficción y guías de autoayuda para autores.writes nonfiction business books and self-help guides for authors.

Las guías de autor para la escritura de S.C. Scott, ayudan tanto a los autores auto-editados como a los que son publicados en forma tradicional, para llegar a más lectores, maximizar los derechos de propiedad intelectual y ganar más dinero. Si desea ganarse la vida y renunciar a su trabajo diario, entonces las Guías de Escritura del Author de S.C.Scott, son el lugar perfecto para comenzar.

S.C. Scott ha estado escribiendo y auto publicando desde 2010 y escribe libros de ficción y no ficción mejor vendidos bajo un seudónimo.

www.ingramcontent.com/pod-product-compliance
Lightning Source LLC
Chambersburg PA
CBHW030041100526
44590CB00011B/292